· T R O F E O S ·

Cuaderno de práctica

Grado 3 ◆ Tomo dos

Harcourt

Orlando   Boston   Dallas   Chicago   San Diego

Visit *The Learning Site!*
www.harcourtschool.com

Printed in the United States of America

ISBN 0-15-323804-6

2 3 4 5 6 7 8 9 10 054 10 09 08 07 06 05 04 03 02

Contenido

Nombre _____

▶ **Completa cada analogía con una palabra del vocabulario.**

coronel	soldado	zarzas ~blackberry~	intruso
estiradas ✓	tropecé	urgente	

1. Las hojas son a la vid como las espinas son a las _zarzas_.

2. Cerrado es a abierto como encogidas es a _estiradas_.

3. Tomar es a beber como extraño es a _intruso_.

4. El director es a escuela como el
   Coronel es a ejército.

5. Pequeño es a chico como importante es a
   Urgente.

6. La escuela es a un estudiante como el ejército
   es a un _Soldado_.

7. Dormí es a levanté como
   tropecé es a caí.

▶ **Escribe la palabra del vocabulario que corresponda a cada definición.**

8. persona con cierto rango o posición en un ejército
   Coronel.

9. extendidas _estiradas_.

10. se debe hacer de inmediato _Urgente_.

¡Inténtalo! Imagina que eres un soldado con un mensaje urgente. Escribe un apunte de un diario utilizando palabras de Vocabulario. Cuenta de qué se trataba el mensaje y que peligros enfrentaste para entregarlo.

Cuaderno de práctica
¡A sus marcas!

▶ **1898. Imagina que tú eres un reportero en Cuba y estás escribiendo una historia acerca de un soldado. Tu periódico quiere que mandes un reporte de una línea cada día, por lo tanto tienes que hacer un resumen de oraciones simples de tus notas periodísticas. Lee cada nota. Después completa con una oración.**

1. 14 de julio de 1898

Santiago, Cuba

Un soldado se ofreció de voluntario para llevar un mensaje importante. Tenía que entregarlo a las tropas al otro lado de la isla. Su nombre es soldado Grady.

_____

_____

_____

2. 15 de julio de 1898

Santiago, Cuba

El viaje de Grady estuvo lleno de peligro, pero llegó a salvo al otro lado de la isla. Después se ganó una medalla por su valentía.

_____

_____

_____

Nombre _____

▶ **Lee el pasaje. Después haz un círculo alrededor de la letra que mejor conteste cada pregunta.**

15 de julio de 1898

Santiago, Cuba

Ayer, el soldado Grady se ofreció de voluntario para viajar a Cuba a entregar un importante mensaje. El mensaje era para el Coronel Smith.

El viaje de Grady fue muy largo y peligroso. Se enfrentó con víboras y caimanes. Después de que su caballo se escapó, él continuó a pie. Se llenó de lodo y espinas.

Finalmente Grady se encontró con el Coronel Smith. Grady le entregó el mensaje. Mañana, el soldado Grady recibirá una medalla por su valentía.

1 ¿Cuál es la idea principal del pasaje?

A Grady viajó a través de Cuba.

B A Grady se le ordenó entregar un mensaje.

C Grady viajó a través de Cuba con un importante mensaje.

D Grady visitó al Coronel Smith.

> 💡 **Sugerencia**
> La idea principal comúnmente se puede encontrar en la primera o última oración del pasaje.

2 ¿Cuál de los siguientes es un hecho que apoya la idea del autor de que el viaje de Grady era "peligroso"?

F Grady se escapó.

G Grady se enfrentó con víboras y lagartos.

H El viaje fue largo.

J Caminó entre el lodo.

> 💡 **Sugerencia**
> Elije la respuesta que dé detalles acerca de una situación peligrosa.

3 ¿Cuál de los siguientes resume la conclusión del pasaje?

A Grady habló con el Coronel Smith.

B Grady entregó el mensaje y recibirá una medalla.

C Grady viajó a través de Cuba con un importante mensaje.

D A Grady se le entregará una medalla.

> 💡 **Sugerencia**
> Elimina la respuesta que no aparezca en el último párrafo.

Nombre _____

▶ **Subraya el lenguaje figurado de cada oración. Después vuelve a escribir la oración sin el lenguaje figurado.**

1. Llovía a cántaros.

_____

2. Había un mar de lodo.

_____

3. Papá corría como el viento.

_____

4. Estaba cubierto de lodo de pies a cabeza.

_____

5. Quería dormir mil años.

_____

6. El caimán era tan grande como una casa.

_____

7. Papá nadó en agua tan fría como el hielo.

_____

8. Él era tan fuerte como un buey.

_____

Cuaderno de práctica
¡A sus marcas!

Nombre _____

▶ **Encierra en un círculo los artículos que encuentres en cada oración. Puede haber más de un artículo en cada una.**

1. La rana brincó entre el pasto alto.

2. Había una víbora gigante en el estanque.

3. La rana cruzó por las aguas profundas.

4. La víbora miró a la rana con una gran sonrisa.

5. Los sapos saltan muy alto.

▶ **Completa cada oración escribiendo sobre las líneas uno de los siguientes artículos: *un, una, el* o *la.***

6. Papá era _____ hombre valiente.

7. Había una víbora en _____ pasto.

8. _____ bandera hondeaba sobre

_____ campo.

9. Ella tuvo que cargar _____ bolsa.

10. Chita abrió _____ cajón del escritorio.

¡Inténtalo! Decide si debes usar *un* o *una* delante de estas palabras: *rana, serpiente, campo, animal.* Después toma turnos con un compañero para usar las palabras en oraciones.

Cuaderno de práctica
¡A sus marcas!

Nombre _____

▶ **Dobla el papel a lo largo de la línea de puntos. Mientras escuchas las palabras de ortografía, escríbelas en el espacio en blanco. Luego desdobla el papel y revisa tus palabras. Practica escribiendo de nuevo las palabras que fallaste.**

1. niñez
2. maíz
3. feroz
4. juez
5. veloz
6. vejez
7. ajedrez
8. nariz
9. feliz
10. cicatriz
11. fugaz
12. barniz
13. paz
14. vez
15. luz

PALABRAS DE ORTOGRAFÍA

1. niñez
2. maíz
3. feroz
4. juez
5. veloz
6. vejez
7. ajedrez
8. nariz
9. feliz
10. cicatriz
11. fugaz
12. barniz
13. paz
14. vez
15. luz

© Harcourt

Cuaderno de práctica
¡A sus marcas!

Nombre _____

▶ **Completa cada analogía con una palabra del vocabulario.**

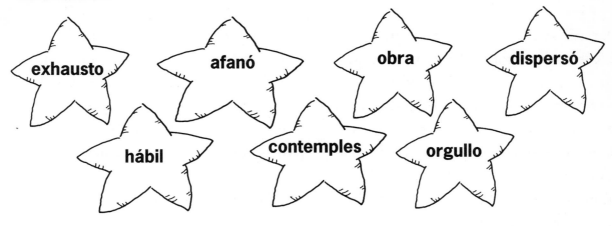

exhausto   afanó   obra   dispersó

hábil   contemples   orgullo

1. Calma es a tormenta como apatía es a _____.

2. Hijo es a madre como _____ es a creador.

3. Abrió es a destapó como extendió es a _____.

4. Sol es a calor como diestro es a _____.

5. Trasnochar es a sueño como deporte es a _____.

6. Medalla es a campeón como _____ es a ganador.

7. Pies es a caminas como ojos es a _____.

▶ **Escribe la palabra del vocabulario que corresponda a cada definición.**

8. competente   _____

9. muy cansado   _____

10. creación   _____

¡Inténtalo!

Piensa en sinónimos y antónimos para tres palabras del vocabulario.

Cuaderno de práctica
¡A sus marcas!

Nombre _____

▶ **Lee el siguiente pasaje. Después haz un círculo alrededor**
de la respuesta correcta para cada pregunta.

Algunas estrellas son calientes y grandes. Se llaman gigantes rojas. Otras son pequeñas y frías. Se llaman duendes blancos. ¿Sabías que nuestro sol es una estrella? Es la estrellas más cercana a la Tierra. Por eso es que la vemos tan grande. Muchos astrónomos dicen que el Sol es una estrella típica. Está formada del mismo material que las demás. Se mueve y da calor igual que las otras estrellas de su tamaño. Por millones y billones de años, el Sol cambiará de la misma forma que cambian otras estrellas. La gente describe las formas de cambio de una estrella como la vida de una estrella. Las estrellas crecen muy despacio. Con el tiempo, las estrellas se vuelven tan grandes y calientes que utilizan todos los gases especiales necesarios para brillar. Sin los gases especiales, las gigantes rojas se hacen más chicas y frías, y eventualmente se vuelven duendes blancos.

1 ¿En qué se parecen el Sol, una gigante roja y un duende blanco?

   A Todos son estrellas.

   B Están cerca de la Tierra.

   C Son del mismo tamaño.

   D Son pequeños y fríos.

💡 **Sugerencia**

Puedes decir mucho acerca del tema de un artículo a partir del título. ¿Qué te dice el título "Diferentes clases de estrellas"?

2 ¿Cuál es la diferencia entre una gigante roja y un duende blanco?

   F Una gigante roja da calor y un duende blanco no.

   G Una gigante roja es grande y caliente y un duende blanco es pequeño y frío.

   H Una gigante roja cambia en millones de años y un duende blanco no.

   J Una gigante roja es una estrella y un duende blanco es un planeta.

💡 **Sugerencia**

Recuerda: *Diferencia* significa que **no** es igual.

💡 **Sugerencia**

¿Cuál opción de respuesta te dice la diferencia entre el Sol y cualquier otra estrella?

3 ¿En qué es diferente el Sol de una estrella típica?

   A Cambia con el tiempo.   **C** Está cerca de la Tierra.

   B Utiliza gases para dar calor.   **D** Crece muy despacio.

© Harcourt

Cuaderno de práctica
¡A sus marcas!

Nombre _____

TAREA

Coyote acomoda
las estrellas

Comparar y
contrastar
PREPARACIÓN PARA
LA PRUEBA

▶ Lee los anuncios locos que están a continuación. Después escribe las cosas que son iguales y las cosas que son diferentes.

REDES DE CHARLIE PARA SUPER ESTRELLAS

Nuestras redes están hechas de seda. ¡Las puedes usar para atrapar estrellas chicas y grandes! **$10.00**

ATRAPA ESTRELLAS BELLAS

Redes de seda. ¡Para estrellas grandes solamente! **$7.00**

ATRAPADORES DE ESTRELLAS DE JOHN

Atrapa estrellas chicas con nuestras redes de seda. **$8.00**

Parecidos	Diferente
1. _____ _____ _____ _____	1. _____ _____ _____ _____
2. _____ _____ _____	2. _____ _____ _____

💡 **Sugerencia**

Recuerda que los escritores utilizan adjetivos para comparar y contrastar el tamaño, forma y color de las cosas. ¿Qué significan las cantidades del dólar?

💡 **Sugerencia**

¿Qué palabras aparecen en los tres anuncios? ¿Qué te dicen estas palabras?

Nombre _____

Coyote acomoda
las estrellas

Gramática:
Comparar con
adjetivos

▶ **Lee las oraciones comparativas. Complétalas con las siguientes expresiones según corresponda:** *más . . . que, menos . . . que o tan . . . como.*

1. Un adulto es _____ grande _____ un niño.

2. Un cohete es _____ veloz _____ un carro.

3. Una vaca es _____ feroz _____ un coyote.

4. La Luna es _____ blanca _____ un queso.

5. La Tierra es _____ grande _____ el Sol.

▶ **Lee las siguientes oraciones y encierra en un círculo las expresiones que comparan las dos cosas.**

6. La estrella es más brillante que la Luna.

7. Él era tan buen piloto como ella.

8. Un ojo es más pequeño que un telescopio.

9. El avión es menos rápido que un cohete.

10. El cielo es tan azul como el mar.

¡Inténtalo!

Escribe cinco oraciones comparativas con las expresiones *más . . . que, menos . . . que y tan . . . como.*

Cuaderno de práctica
¡A sus marcas!

Nombre _____

► **Dobla el papel a lo largo de la línea de puntos. Mientras escuchas las palabras de ortografía, escríbelas en el espacio en blanco. Luego desdobla el papel y revisa tus palabras. Practica escribiendo de nuevo las palabras que fallaste.**

1. _____

2. _____

3. _____

4. _____

5. _____

6. _____

7. _____

8. _____

9. _____

10. _____

11. _____

12. _____

13. _____

14. _____

15. _____

PALABRAS DE ORTOGRAFÍA

1. vez

2. veces

3. raíz

4. raíces

5. lápiz

6. lápices

7. pez

8. peces

9. luz

10. luces

11. nuez

12. nueces

13. voz

14. voces

15. cruz

Cuaderno de práctica
¡A sus marcas!

Nombre _____

▶ **Escoge la palabra del vocabulario que corresponde a la definición.**

| zanates | repartió | revoloteando | parvada | fiadas | silvestres |

1. aves de plumaje negro _____

2. dividir una cosa y dar una parte a distintas personas _____

3. crece sin ser sembrado _____

4. comprar sin pagar inmediatamente _____

5. grupo de aves _____

6. volar dando vueltas por el aire _____

▶ **Escribe la palabra de vocabulario que mejor complete la oración.**

1. Carmela estaba sembrando unas flores cuando vio en el cielo una

_____ de _____.

2. Los pájaros estaban _____ como buscando comida.

3. Carmela fue a la tienda y pidió _____ varias plantas
que necesitaba para terminar su jardín.

4. Camino a la tienda ella había visto unas hermosas flores _____
a lo largo del camino y quería comprar unas plantas parecidas.

5. Cuando florecieron las plantas, Carmela _____ las más
hermosas entre sus vecinos.

¡Inténtalo! Escribe una carta a un amigo donde le cuentas alguna experiencia
interesante. Usa por lo menos dos palabras del vocabulario.

Cuaderno de práctica
¡A sus marcas!

Nombre _____

▶ **Lee el párrafo. Luego haz un círculo alrededor de la letra de la mejor respuesta para cada pregunta.**

Hace cinco días que Mariana se mudó a la ciudad. En lugar de vivir en el campo con grandes espacios abiertos, ahora vive en un apartamento. Una de las cosas que más extraña es el huerto que su familia tenía en el patio de la casa. Allí cultivaban tomates, cebollas y papas. Todos los miembros de la familia compartían el cuidado del huerto. Mariana era responsable de regar las plantas. Antonio velaba que ningún animalito fuera a destruir el huerto. Él mantenía el huerto cercado y todas las semanas le ponía un polvito que mantenía alejados a los animales. Mamá se encargaba de sembrar y cosechar. Papá era el que todos los sábados limpiaba la maleza del huerto. Hoy cuando el papá llegó del trabajo traía una caja con un libro titulado *Huertos caseros en miniatura*.

1 El personaje principal es _____.

A el papá   **B** Mariana   **C** la mamá   **D** Antonio

2 La historia ocurre en _____.

F la ciudad   **G** el campo   **H** un huerto   **J** el patio

3 La persona responsable de mantener los animales alejados del huerto era _____.

A el papá   **B** Mariana   **C** la mamá   **D** Antonio

4 El problema es que _____.

A Mariana extraña el huerto de la familia   **H** no hay quien cuide el huerto

G los animales dañaban el huerto   **J** la maleza que crece en el huerto

5 El problema se resuelve _____.

A mudándose a un apartamento   **C** cuando el papá trae un libro para hacer un huerto en miniatura

B porque cada miembro de la familia se hace responsable de cuidar el huerto   **D** poniendo un polvito para alejar a los animales

Cuaderno de práctica
¡A sus marcas!

Nombre _____

▶ **Completa las oraciones con el superlativo de las palabras que están entre paréntesis. Recuerda que debes usar las terminaciones –ísimo, –ísima, –ísimos o –ísimas.**

1. En la cabeza de Juan cabían _____ sueños. **(muchos)**

2. La cosecha resultó ser _____. **(buena)**

3. Los habitantes del pueblo quedaron _____. **(asombrados)**

4. Juan llevó al mercado unas calabazas _____. **(brillantes)**

5. El terreno del abuelo era _____. **(pequeño)**

▶ **Lee las siguientes oraciones y encierra en un círculo las expresiones superlativas. Recuerda que algunas expresiones superlativas son *el más, los más, la más* y *las más*.**

6. Las mazorcas del campo eran las más grandes de todas.

7. Juan era el más feliz de todos los campesinos.

8. Don Tobías era el más rico del pueblo.

9. Los zanates eran para Juan los más fieles amigos.

10. Esas aves eran las más bellas.

© Harcourt

Nombre _____

▶ **Dobla el papel a lo largo de la línea de puntos. Mientras escuchas las palabras de ortografía, escríbelas en el espacio en blanco. Luego desdobla el papel y revisa tus palabras. Practica escribiendo de nuevo las palabras que fallaste.**

1. _____

2. _____

3. _____

4. _____

5. _____

6. _____

7. _____

8. _____

9. _____

10. _____

11. _____

12. _____

13. _____

14. _____

15. _____

PALABRAS DE ORTOGRAFÍA

1. espumosa
2. espárrago
3. específico
4. especial
5. espejo
6. esperaban
7. esplendor
8. esponja
9. especie
10. espanto
11. espátula
12. esperanzas
13. espinaca
14. espalda
15. espada

Cuaderno de práctica
¡A sus marcas!

Nombre _____

▶ Escribe la palabra del vocabulario que corresponde a cada definición. Escoge las palabras del recuadro.

| cerrojo | oscurecer | astuto | soplido | tierna | frágiles | encantado |

1. Un hombre viejo trabajó desde el amanecer hasta el _____ en los campos.

2. Abrió el _____ de la puerta.

3. Su _____ viejo y ciego perro, sabía que era él por el sonido de sus pisadas.

4. Los huesos de mi abuela son _____.

5. Su esposa estaba cocinando una carne _____ para la cena.

6. La vela se apagó de un _____.

7. Él estaba _____ por la buena comida al final del día.

¡Inténtalo! Utiliza las palabras de vocabulario para hacer un relato. Trata de que un personaje haga un truco a otro personaje para conseguir algo.

© Harcourt

Cuaderno de práctica
¡A sus marcas!

Nombre _____

▶ **Lee los dos finales del relato. Después contesta la tabla de abajo. Menciona detalles que son iguales y detalles que son diferentes.**

Final del Relato #1

—¡Abuelita, qué orejas tan grandes tienes! —dijo Caperucita Roja al entrar a la pequeña casa de su abuelita. —Son para oírte mejor, querida, —dijo el lobo, que estaba vestido con la ropa de la abuelita. —Abuelita, —exclamó Caperucita Roja—, ¡qué ojos tan grandes tienes! El lobo contestó: —Son para verte mejor, querida. Caperucita Roja insistió: —Pero abuelita, ¡qué dientes tan grandes tienes! Entonces el lobo dijo: —¡Para comerte mejor, querida! El lobo saltó y alcanzó a Caperucita Roja en la puerta.

Final del Relato #2

—Tengo unos ricos bocadillos para ti —dijo Caperucita Rosa al entrar en el castillo de su abuelita. —¡Qué bueno! —dijo el lobo, que estaba vestido con la ropa de la abuelita—. Tengo mucha hambre. La pequeña Caperucita Rosa se dio cuenta de inmediato que esa no era su abuelita. Le dio mucho miedo. —Te traje unas galletas de chocolate, pero las dejé afuera en mi mochila —dijo Caperucita Rosa—. Voy por ellas. Dio la vuelta y salió corriendo de la casa de su abuelita.

	Igual	Diferente
Personaje	1. _____ _____ _____	4. _____ _____ _____
Trama	2. _____ _____ _____	5. _____ _____ _____
Escenario	3. _____ _____ _____	6. _____ _____ _____

© Harcourt

Cuaderno de práctica
¡A sus marcas!

Nombre _____

▶ **Encierra en un círculo el verbo de acción que aparece en cada oración.**

1. Las niñas abrieron la puerta.

2. El lobo apagó la vela de un soplido.

3. La hija mayor saltó de la cama.

4. El lobo cayó desde muy alto.

5. Las tres niñas suben al árbol.

▶ **Escoge un verbo del recuadro para completar cada oración.**

caer	corren	llegó	salieron	tiraron

6. Tao y Paotze _____ hacia la abuela.

7. El lobo se volvió a _____ al suelo.

8. _____ de la soga con toda su fuerza.

9. La mamá _____ al día siguiente.

10. Las hermanas _____ al patio de la casa.

¡Inténtalo!

Piensa en tres verbos interesantes que podrías usar en lugar del verbo *caminé*. Escribe tres oraciones usando tus verbos.

Cuaderno de práctica
¡A sus marcas!

Nombre _____

▶ **Dobla el papel a lo largo de la línea de puntos. Mientras escuchas las palabras de ortografía, escríbelas en el espacio en blanco. Luego desdobla el papel y revisa tus palabras. Practica escribiendo de nuevo las palabras que fallaste.**

1. _____

2. _____

3. _____

4. _____

5. _____

6. _____

7. _____

8. _____

9. _____

10. _____

11. _____

12. _____

13. _____

14. _____

15. _____

PALABRAS DE ORTOGRAFÍA

1. cuando
2. cuarto
3. averiguar
4. enjuagar
5. guante
6. suave
7. guarda
8. guapo
9. aduana
10. acuario
11. recuadro
12. ruido
13. construir
14. buitre
15. arruinar

Cuaderno de práctica
¡A sus marcas!

Nombre _____

▶ **Vuelve a escribir cada una de las siguientes oraciones reemplazando las palabras subrayadas con una palabra del vocabulario del recuadro.**

enloquecer	sollozos	consejo	terrible	soporto	apacible

Querida Sarah:

1. Tu <u>recomendación</u> me hizo recapacitar.

_____

2. Me dijiste que debía ser más amable con mi hermanito cuando es <u>tremendo</u>.

_____

3. Se te olvidó decirme qué tengo que hacer cuando un niñito no para

con sus <u>lloriqueos</u>. _____

_____

4. ¡Pensé que me iba a <u>volver loca</u>!

_____

5. ¡No <u>aguanto</u> tanto ruido!

_____

6. Ojalá que tu hermanito esté más <u>tranquilo</u>.

_____

Con cariño,
Raquel

P.D. Si tu hermanito está muy enojado, te aconsejo que le des tus mejores creyones. Eso siempre funciona.

¡Inténtalo! Escribe una adivinanza para cada una de las palabras del vocabulario. Por ejemplo: Soy cómo se sienten las personas cuando tienen un gran problema. ¿Qué soy yo?

© Harcourt

Cuaderno de práctica
¡A sus marcas!

Nombre _____

▶ **Lee los siguientes párrafos. Luego lee cada pregunta y escoge la mejor respuesta. Marca la letra que corresponda.**

A Billy y Harry Goat vivían en una casa llena de muchas cosas. Billy Goat llenó la mitad de la casa con juegos de mesa y 379 peluches. Harry Goat coleccionaba palos y piedras de todos los tamaños y formas que encontraba. La última vez que Harry contó tenía 973 piedras en su colección.

B Los buenos modales son importantes en un cine lleno de gente. Las personas a tu alrededor pueden oír hasta tus susurros. En realidad, pueden oír cada vez que le quitas la envoltura a un dulce. La persona que está sentada frente de ti podría enojarse si cuando mueves las piernas chocas con la parte de atrás de su asiento.

C Un elevador con demasiadas personas puede ser un peligro. Dentro de cada elevador de uso público hay un anuncio que dice cuántas personas caben en el elevador sin que sea peligroso. Un elevador en el cual caben 13 adultos puede aguantar un peso de 2,000 libras.

1 ¿Cuál es el propósito del autor en el párrafo A?

   A entretener

   B informar con hechos

   C informar cómo hacer algo

   D persuadir

💡 **Sugerencia**

A veces un autor inventa los hechos en su historia. ¿Hay algún hecho inventado en el párrafo A?

2 ¿Cuál es el propósito del autor en el párrafo B?

   F entretener

   G informar con hechos

   H informar cómo hacer algo

   J persuadir

💡 **Sugerencia**

Compara este párrafo con los otros. ¿Presenta el autor una idea principal con detalles?

3 ¿Cuál es el propósito del autor en el párrafo C?

   A entretener

   B informar con hechos

   C informar cómo hacer algo

   D persuadir

💡 **Sugerencia**

Piensa en el tema de este párrafo. ¿Por qué crees que el autor escribió acerca de los elevadores y la mucha gente?

© Harcourt

Cuaderno de práctica
¡A sus marcas!

▶ **Lee las oraciones y encierra en un círculo el verbo principal que aparece en cada oración.**

1. Mariana está batiendo la mantequilla.

2. Melinda le ha servido té a los invitados.

3. Las gallinas están revoloteando por toda la casa.

4. La cabra ha roto todos los muebles.

5. Mamá y Marisol han tejido un vestido.

▶ **Completa las siguientes oraciones con el verbo auxiliar *ha* o *han*.**

6. Papá le _____ pedido un consejo a Bartolomeo.

7. Tomás se _____ sentado a jugar con los bloques.

8. Las gallinas _____ destrozado la silla.

9. Los animales _____ enloquecido a todos.

10. Bartolomeo _____ sido un buen consejero.

¡Inténtalo!

Escribe tres oraciones que incluyan verbos principales y auxiliares.

▶ **Dobla el papel a lo largo de la línea de puntos. A medida que escuches la palabra, escríbela en el espacio en blanco. Luego desdobla el papel y revisa tu trabajo. Practica escribiendo de nuevo las palabras que fallaste.**

1. _____

2. _____

3. _____

4. _____

5. _____

6. _____

7. _____

8. _____

9. _____

10. _____

11. _____

12. _____

13. _____

14. _____

15. _____

PALABRAS DE ORTOGRAFÍA

1. resbaladilla
2. columpios
3. saltar
4. pista
5. pelota
6. campo
7. juegos
8. juegan
9. corre
10. arena
11. balón
12. escondite
13. cuerda
14. voltereta
15. vuelta

© Harcourt

Cuaderno de práctica
¡A sus marcas!

▶ **Lee cada una de las siguientes oraciones. En cada oración hay una palabra subrayada. Escoge la palabra del vocabulario que tiene el mismo significado que la palabra subrayada. Luego escribe la oración usando la palabra del vocabulario que escogiste.**

brillaba	condado	cabalgó	apretó	oferta	subastador

1. Juno era el poni más hermoso en nuestra <u>región</u>.

_____

2. Su pelaje café y blanco <u>resplandecía</u> con el sol.

_____

3. Juno <u>corrió</u> rápidamente a través de los campos.

_____

4. El <u>líder de la subasta</u> sabía que los agricultores querían caballos grandes.

_____

5. Me sentí feliz cuando yo fui el único que <u>me ofrecí a comprarla</u>.

_____

6. Mi hermano me <u>agarró</u> con fuerza.

_____

▶ **Completa la siguiente historia usando las palabras de vocabulario que aparecen en el recuadro de arriba.**

El poni **(7)** _____ por el campo.

María **(8)** _____ las riendas.

Había comprado a Juno en la feria del **(9)** _____ .

Ella fue quien hizo la **(10)** _____ más alta por el poni.

© Harcourt

Nombre _____

TAREA
El poni de Leah
Hecho y opinión
PREPARACIÓN PARA LA PRUEBA

▶ **Lee la siguiente página del catálogo de una subasta. Decide si cada afirmación es un hecho o una opinión. Encierra en un círculo *hecho* u *opinión*. Da una razón cada vez que escojas la palabra *opinión*.**

CATÁLOGO DE LA SUBASTA

Lugar: La casa de las subastas, Chicago
Título de la venta: Todos debemos tener una mascota
Fecha de la venta: 1º de abril
Número de la venta: 81055

Todas las personas deben tener una mascota. Venga a esta subasta en *La casa de las subastas*. Vea las mascotas más preciosas del mundo. Las ofertas para las mascotas comenzarán a las 8 P.M.

DESCRIPCIÓN

Lote #1: Un precioso cachorro dálmata y una copia del libro *101 Dálmatas*.
Lote #2: Un precioso ratón blanco que le gustará a su abuela.
Lote #3: Un precioso ratón blanco que a su abuela le encantará.

1 *La casa de las subasta* está en Chicago.   Hecho   Opinión

Razón: _____

2 Todas las personas deben tener una mascota.   Hecho   Opinión

Razón: _____

3 La subasta será el 1º de abril.   Hecho   Opinión

Razón: _____

Cuaderno de práctica
¡A sus marcas!

© Harcourt

TAREA
El poni de Leah
Hecho y opinión
PREPARACIÓN PARA
LA PRUEBA

4 El título de la venta es *Todos debemos tener una mascota*.

Hecho   Opinión

Razón: _____

5 Las mascotas en esta subasta son las más preciosas en el universo.

Hecho   Opinión

Razón: _____

6 Las ofertas comenzarán a las 8 p.m.

Hecho   Opinión

Razón: _____

7 Los cachorros dálmata son preciosos.

Hecho   Opinión

Razón: _____

8 Las arañas son grandes.

Hecho   Opinión

Razón: _____

9 Las arañas son amigables.

Hecho   Opinión

Razón: _____

10 A todas las abuelas les gustaría el ratón que está en venta.

Hecho   Opinión

Razón: _____

Cuaderno de práctica
¡A sus marcas!

▶ **Lee las oraciones y subraya el verbo que está en presente en cada oración.**

1. Leah recibe un poni de regalo.

2. Su papá vende parte del ganado.

3. Leah y su poni pasean por los campos de maíz.

4. Leah compra el tractor por un dólar.

5. Todos escuchan la subasta en silencio.

▶ **Escribe el verbo en presente para completar las siguientes oraciones. Usa los verbos regulares que están entre paréntesis.**

6. Mamá _____ un pastel de café. **(hornear)**

7. Leah _____ el poni al tendero. **(vender)**

8. Los vecinos _____ tiempos difíciles. **(vivir)**

9. El poni _____ de regreso al establo. **(correr)**

10. Los amigos nos _____ unos a otros. **(ayudar)**

¡Inténtalo!

Escribe tres oraciones. Usa verbos regulares en tiempo presente.

Cuaderno de práctica
¡A sus marcas!

Nombre _____

▶ **Dobla el papel a lo largo de la línea de puntos. Mientras escuchas las palabras de ortografía, escríbelas en el espacio en blanco. Luego desdobla el papel y revisa tus palabras. Practica escribiendo de nuevo las palabras que fallaste.**

1. _____

2. _____

3. _____

4. _____

5. _____

6. _____

7. _____

8. _____

9. _____

10. _____

11. _____

12. _____

13. _____

14. _____

15. _____

PALABRAS DE ORTOGRAFÍA

1. seda
2. festejo
3. cielo
4. gracioso
5. silueta
6. amenazante
7. trozo
8. alcanzar
9. gruesa
10. parecía
11. orificios
12. tristeza
13. entonces
14. oscurecía
15. cocina

Cuaderno de práctica
¡A sus marcas!

Nombre _____

▶ **Escribe la palabra del vocabulario que corresponde a cada definición. Escoge la palabra del recuadro.**

| rancheros ganancias dedicados corral descarriado mercado |

1. dinero ganado mediante la venta de algo

_____

2. se ocupan en algo _____

3. un lugar donde se compran y venden muchos

tipos de artículos _____

4. personas dueñas de ranchos que crían

grandes manadas de animales _____

5. un tipo de animal que se va de la

manada _____

6. un área cercada para animales _____

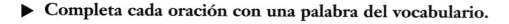

▶ **Completa cada oración con una palabra del vocabulario.**

7. Necesitas dinero para comprar artículos en el _____.

8. El área de la finca en donde se mantienen a los animales es el

_____.

 ¡Inténtalo! Escribe un cuento sobre un rancho en donde se cría ganado. Trata de usar todas las palabras de vocabulario.

Cuaderno de práctica
¡A sus marcas!

Nombre _____

▶ Lee las palabras de esta canción dedicada a los vaqueros. Después haz un círculo alrededor de la respuesta que mejor contesta la pregunta.

La casa en la pradera (1867)

1er verso

Oh, si tuviera una casa donde el búfalo se pasea
Donde el venado y el antílope juegan
Donde pocas veces se oye una palabra de disgusto
Y los cielos no están nublados todo el día.

Coro

Mi hogar, mi hogar en la pradera,
Donde el venado y el antílope juegan
Donde pocas veces se oye una palabra de disgusto
Y los cielos no están nublados todo el día.

2do verso

Donde el aire es puro y todo es gratis
y la brisa es suave y ligera
que no cambiaría mi hogar en la pradera
por todas las ciudades brillantes.

3er verso

Muchas veces en la noche, cuando el cielo brilla
con la luz de las estrellas replandecientes,
me he parado extasiado y me pregunto mientras observo,
si su gloria excede la nuestra.

© Harcourt

Cuaderno de práctica
¡A sus marcas!

Nombre _____

1 La idea principal en esta lírica es:

   A un vaquero necesita una casa nueva

   B los vaqueros no tienen casa

   C los vaqueros piensan que la pradera es su hogar

   D a los vaqueros les gusta el tiempo nublado

> 💡 **Sugerencia**
> La idea principal a veces se puede sacar del título.

2 Una razón por la que a los vaqueros les gusta su hogar es

   F Es muy tranquila.

   G Siempre tiene cielos azules.

   H El clima es terrible.

   J Se divierten viendo a los venados y a los antílopes.

> 💡 **Sugerencia**
> Elimina las respuestas que sabes inmediatamente que están incorrectas.

3 Otra razón por la que a los vaqueros les gusta su hogar es:

   A No está nublado todo el día.

   B Está lleno de polvo.

   C Las montañas son preciosas.

   D El alimento es sabroso.

> 💡 **Sugerencia**
> ¿Qué respuesta está apoyada por la letra de la canción?

4 A los vaqueros les gusta la pradera porque:

   F El viento sopla fuerte.

   G No hay contaminación.

   H Está cerca de la ciudad.

   J Los céfiros no son libres.

> 💡 **Sugerencia**
> Quizá la respuesta no está escrita directamente. Puede estar implícita.

5 Lo que les gusta a los vaqueros de la noche en la pradera es:

   A los focos de los carros.

   B los restaurantes.

   C la televisión.

   D las estrellas.

> 💡 **Sugerencia**
> Ten en cuenta el año en que se escribió esta canción.

© Harcourt

Cuaderno de práctica
¡A sus marcas!

Nombre _____

▶ **Observa las ilustraciones de las fuentes de referencia.
Escribe los nombres de la mejor fuente de referencia que
contesta cada pregunta. Pista: Puedes encontrar las respuestas a algunas
preguntas en más de una fuente.**

1. ¿Está Texas al este o al oeste de Arizona? _____

2. ¿Qué es un ganado de cuernos largos y cómo es?

_____

3. ¿Qué tipo de clima tiene Santa Fe, New Mexico?

_____

4. ¿Por cuánto tiempo han estado criando ganado en Estados Unidos?

_____

5. ¿Qué significa la palabra *corral*?

_____

6. ¿Cuál fue la población de Dallas, Texas, el año pasado?

_____

7. ¿Cómo se escribe la palabra *cabestro*? _____

8. ¿Qué estados rodean a New Mexico? _____

9. ¿Qué tan lejos está Dallas, Texas del Polo Sur?

_____

10. ¿Cuál es un sinónimo o palabra que tiene el mismo significado

de *descarriado*? _____

Cuaderno de práctica
¡A sus marcas!

Nombre _____

▶ **Lee las oraciones y subraya el verbo que está en presente en cada oración.**

1. Una guía nos cuenta la historia del viejo Oeste.

2. Los vaqueros son famosos.

3. Yo quiero ir a Texas.

4. Tú también puedes ser una vaquera.

5. En el campo dormimos muy poco.

▶ **Escribe el verbo en presente para completar las siguientes oraciones. Usa los verbos irregulares que están entre paréntesis.**

6. El toro _____ enorme. **(ser)**

7. Nosotros _____ de viaje al Oeste. **(ir)**

8. Los vaqueros _____ bajo las estrellas. **(pensar)**

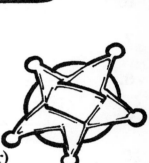

9. Yo _____ que aprender a montar a caballo. **(tener)**

10. Le _____ a Juan a participar en el rodeo. **(ayudar)**

Cuaderno de práctica
¡A sus marcas!

▶ **Dobla el papel a lo largo de la línea de puntos. Mientras escuchas las palabras de ortografía, escríbelas en el espacio en blanco. Luego desdobla el papel y revisa tus palabras. Practica escribiendo de nuevo las palabras que fallaste.**

1. _____

2. _____

3. _____

4. _____

5. _____

6. _____

7. _____

8. _____

9. _____

10. _____

11. _____

12. _____

13. _____

14. _____

15. _____

PALABRAS DE ORTOGRAFÍA

1. trompeta
2. patrón
3. trabajo
4. cruzan
5. pupitre
6. estrellas
7. criar
8. extremo
9. rastreador
10. criatura
11. crema
12. cuatreros
13. traslado
14. recreo
15. micrófono

© Harcourt

Cuaderno de práctica
¡A sus marcas!

Nombre _____

▶ **Escoge una de las palabras del vocabulario que están en el recuadro para completar cada una de las siguientes oraciones.**

carreta	mineros	yacimientos	sartén
establecer	auge	negocio	

1. La _____ tardó veintiún días en llegar a California.

2. La familia de Amanda decidió _____ en un pueblo pequeño.

3. Cerca de allí, los _____ estaban cavando en búsqueda de oro.

4. Algunos mineros encontraron

   _____ de oro.

5. Amanda horneó su pastel en un _____.

6. Amanda vendió muchos pasteles y pronto tuvo un buen _____.

7. El pueblo creció tan rápidamente que se podía llamar un pueblo en

   _____.

¡Inténtalo! Dibuja un pueblo minero ilustrando por lo menos tres de las palabras del vocabulario.

Cuaderno de práctica
¡A sus marcas!

© Harcourt

Nombre _____

TAREA
Un pueblo en auge
Hecho y opinión
PREPARACIÓN PARA
LA PRUEBA

▶ **Lee las siguientes entradas en dos diarios. Piensa en cuáles afirmaciones son hechos y cuáles son opiniones. En la tabla que está a continuación, escribe tres hechos del diario de José y tres hechos del diario de Jessie. Luego escribe tres opiniones de cada diario.**

Diario de Jessie

¡Boomville es maravilloso! En las noches con cielos claros puedes ver muchas estrellas. Hoy se mudó a Boomville una familia que tiene una hija de mi edad. La niña me regaló un preciosa cinta roja, sólo porque le dije que me gustaba. Pienso que seremos muy buenas amigas. Boomville será un lugar divertido para vivir.

Diario de José

Boomville es el peor lugar para vivir. Solamente tiene 51 habitantes. Hoy mamá barrió y limpió la casa. Yo ayudé cavando unos huecos para sembrar papas. Las papas no saben bien. ¡A nadie le gustaría mudarse a este pueblo!

	Datos	Opiniones
José	1. _____ _____ 2. _____ _____ 3. _____ _____	1. _____ _____ 2. _____ _____ 3. _____ _____
Jessie	1. _____ _____ 2. _____ _____ 3. _____	1. _____ _____ 2. _____ _____ 3. _____

© Harcourt

Cuaderno de práctica
¡A sus marcas!

Nombre _____

▶ **Lee cada oración y subraya el verbo que está en pretérito.**

1. Amanda y su familia viajaron al Oeste.

2. Su papá buscó oro por muchos años.

3. Los granjeros sembraron maíz.

4. Pedro abrió una tienda.

5. El pueblo creció mucho.

▶ **Completa las siguientes oraciones escribiendo el pretérito del verbo. Usa el verbo que está entre paréntesis.**

6. Mi papá _____ en las minas. **(trabajar)**

7. Yo _____ pasteles. **(cocinar)**

8. Mis hermanos _____ la pastelería. **(construir)**

9. Tú _____ a lavar la ropa. **(ayudar)**

10. Nosotros _____ un pueblo. **(fundar)**

¡Inténtalo! Escribe tres oraciones acerca de lo que hiciste el fin de semana pasado. Usa verbos regulares en pretérito.

Cuaderno de práctica
¡A sus marcas!

Nombre _____

▶ **Dobla el papel a lo largo de la línea de puntos. A medida que escuchas la palabra, escríbela en el espacio en blanco. Luego desdobla el papel y revisa tu trabajo. Practica escribiendo de nuevo las palabras que fallaste.**

1. _____

2. _____

3. _____

4. _____

5. _____

6. _____

7. _____

8. _____

9. _____

10. _____

11. _____

12. _____

13. _____

14. _____

15. _____

PALABRAS DE ORTOGRAFÍA

1. consternada
2. callado
3. bandada
4. pasado
5. demasiado
6. regalado
7. doblado
8. guardado
9. preocupada
10. soñado
11. estudiado
12. casado
13. desolado
14. enojada
15. ocupada

Cuaderno de práctica
¡A sus marcas!

Nombre _____

▶ **Escoge la palabra del recuadro que corresponda a cada definición.**

mercante	**machacar**	**machete**	**regatea**
pulpa	**orificios**	**manivela**	

1. triturar _____

2. apertura o huecos _____

3. la parte suave dentro de algunas frutas o vegetales _____

4. mango de algún instrumento para abrir o mover algo

   _____

5. discute precios o intercambios para obtener una oferta mejor

   _____

6. un cuchillo pesado que se usa para cortar plantas _____

7. que comercia _____

▶ **Contesta cada adivinanza con una palabra del vocabulario.**

8. Giro para hacer helado.

   ¿Qué soy? _____.

9. Me encontrarás al abrir una manzana.

   ¿Qué soy? _____.

10. Soy un utensilio afilado que se utiliza para cortar.

   ¿Qué soy? _____.

© Harcourt

Cuaderno de práctica
¡A sus marcas!

Nombre _____

▶ **Lee las dos conversaciones de ficción que tienen los niños con sus madres. Haz un círculo alrededor la letra de cada respuesta correcta.**

Conversación 1

JUAN: Me lo encontré en la calle principal. Se veía muy triste y estaba cojeando. No podía dejarlo allí, mamá. Voy a poner letreros que digan que me encontré un perro, y si nadie llama, ¿nos podríamos quedar con él? ¿Por favor? Podría dormir en mi cuarto y yo le daría de comer todos los días.

Conversación 2

ROSA: ¡Mamá! ¡Mira! Atrapé un cangrejo ermitaño. Yo sé que debo ponerlo de vuelta al océano, pero quería que vieras que lo atrapé yo sola sin la ayuda de nadie.

1 Ambos Juan y Rosa ————————

A le tienen miedo a los animales.

B les gustan los animales.

C les gusta ir a la calle principal.

D les gusta ayudar a los animales perdidos.

> 💡 **Sugerencia**
> La pregunta es acerca de lo que Juan y Rosa tienen en común.

2 ¿Cuál declaración podría ser la verdadera? ————

F Juan vive en el campo y Rosa vive en la ciudad.

G Rosa y Juan viven en la ciudad.

H Juan y Rosa viven en el campo.

J Juan vive en un pequeño pueblo y Rosa vive junto a una playa.

> 💡 **Sugerencia**
> Busca palabras que den claves geográficas.

3 ¿Cuál declaración es la verdadera? ————

A Los dos niños quieren quedarse con los animales que encuentran como mascotas.

B Rosa quiere quedarse con el cangrejo, pero Juan quiere encontrar un hogar para el perro inmediatamente.

C Juan quiere al perro, pero Rosa sabe que no puede quedarse con el cangrejo.

D Ninguno de los niños desea tener una mascota.

> 💡 **Sugerencia**
> Elimina respuestas que claramente no son verdaderas.

© Harcourt

Cuaderno de práctica
¡A sus marcas!

Nombre _____

▶ **Lee las siguientes oraciones. Después parafrasea, o haz un resumen, de la oración con tus propias palabras.**

1. La gente de Maine solía intercambiar hielo por cacao, té y especias.

_____

_____

2. Los granos de cacao vienen de las vainas del cacao, que crecen en los árboles de cacao.

_____

_____

3. Cuando los ríos se congelan, los hombres cortan cuadros de hielo.

_____

_____

_____

4. La crema, el azúcar y el cacao se echan en el recipiente del congelador para helado.

_____

5. En la mañana puedes ver claramente cómo van llegando los barcos.

_____

Cuaderno de práctica
¡A sus marcas!

© Harcourt

▶ **Lee las oraciones y encierra en un círculo el verbo que está en pretérito.**

1. El chocolate vino de una isla lejana.

2. Él fue a la plantación de cacao.

3. Nosotros pusimos el cacao en la sombra.

4. Yo fui al mar a buscar caracoles.

5. Mamá molió las semillas.

▶ **Completa cada oración con el verbo en pretérito. Usa los verbos que están entre paréntesis.**

6. El invierno _____ duro y frío. **(ser)**

7. Los cocos se _____ de la palmera. **(caer)**

8. Mamá me _____ que era hora de hacer helado. **(decir)**

9. Ella _____ el cubo en el hielo para congelarlo. **(poner)**

10. El tío Jacobo nos _____ cacao de Santo Domingo. **(dar)**

¡Inténtalo! Escribe una lista de cosas que pasaron antes de que llegaras a la escuela esta mañana. Usa verbos irregulares en pretérito.

© Harcourt

Nombre _____

▶ **Dobla el papel a lo largo de la línea de puntos. Mientras escuchas las palabras de ortografía, escríbelas en el espacio en blanco. Luego desdobla el papel y revisa tus palabras. Practica escribiendo de nuevo las palabras que fallaste.**

1. _____

2. _____

3. _____

4. _____

5. _____

6. _____

7. _____

8. _____

9. _____

10. _____

11. _____

12. _____

13. _____

14. _____

15. _____

PALABRAS DE ORTOGRAFÍA

1. queriendo
2. mirando
3. diciendo
4. llenando
5. corriendo
6. durmiendo
7. haciendo
8. trabajando
9. estudiando
10. escribiendo
11. mezclando
12. floreciendo
13. perforando
14. cortando
15. transportando

Cuaderno de práctica
¡A sus marcas!

Nombre _____

▶ **Escribe las palabras del vocabulario que mejor completen cada oración.**

felicidades	valor	cantidad
recibir	combinaciones	decidir

1. Vas a _____ un premio.

2. Sí, tuve que _____ entre tres opciones y elegí ésta.

3. ¡_____ por tan buen espectáculo!

4. Gracias. Practiqué la mayor _____ de tiempo posible.

5. Tiene más _____ hacerlo bien que ganar un premio, ¿no crees?

6. La _____ que debes pagar es la misma.

7. Puedes recibir el dinero en las _____ que quieras.

▶ **Completa la oración con una palabra del vocabulario.**

8. Cuando debes escoger entre varios artículos, tienes

que _____.

9. Si te ganas un premio te dicen

¡_____!

10. Dos billetes de cinco dólares tienen el mismo

_____ que uno de diez.

¡Inténtalo! ¿Qué harías si ganaras un millón de dólares? Escribe en un párrafo algunos de tus planes. Utiliza por lo menos tres palabras de vocabulario.

© Harcourt

Cuaderno de práctica
¡A sus marcas!

▶ **Lee las cartas. Después contesta cada oración y haz un círculo alrededor de la letra que tenga la mejor respuesta.**

Querida Abuela:

Por favor ayúdame a explicarles a papá y a mamá que ya soy lo suficientemente grande para tener un perrito. Yo cuido de mi mascota tortuga sin la ayuda de nadie. Nadie me lo tiene que recordar. Además, ya sé mucho acerca de los perritos. Yo ayudo a mi mejor amigo, Ernie, a cuidar a su perrito. Yo puedo ayudar con los gastos de la comida y los juguetes de mi perrito con mi dinero.

Mamá y papá están esperando tu carta. ¡Gracias, abuela!

Con amor,
Ryan

Querido Ryan:

¡Qué agradable sorpresa fue recibir tu carta! Me recordaste a tu mamá cuando tenía tu edad. También insistió en tener un perrito. Le compré uno. En ese entonces, tu mamá no sabía que los perritos necesitaban atención todo el tiempo. Igual que tú, tu mamá tenía que ir a la escuela. Después de la escuela, le gustaba salir a jugar con sus amigos. ¿Quién crees que terminó alimentando y sacando a pasear al perrito de tu mamá todos los días? ¿Quién crees que tenía que gritar cuando el perrito se iba? Por favor escribe otra vez cuando sepas quién.

Con mucho amor,
tu abuela

1 En la carta de Ryan, ¿está establecida la idea principal o no está establecida la idea principal?

A La idea principal está establecida en la primer oración.

B La idea principal está establecida en la segunda oración.

C La idea principal está establecida en la última oración.

D La idea principal no está establecida.

Sugerencia

La idea principal es una idea que la mayoría de las oraciones cuentan.

2 En la carta de la abuela, ¿está establecida la idea principal o no está establecida la idea principal?

F La idea principal está establecida en la primer oración.

G La idea principal está establecida en la segunda oración.

H La idea principal está establecida en la última oración.

J La idea principal no está establecida.

Sugerencia

Agrega los detalles para identificar la idea principal. ¿Está establecida la idea principal?

3 ¿Crees que la abuela ayude a Ryan a tener un perrito? Explica por qué sí o por qué no.

Sugerencia

A veces el escritor expresa una opinión o idea principal eligiendo detalles. ¿Qué detalles eligió la abuela para contar su experiencia?

_____

_____

_____

_____

Cuaderno de práctica
¡A sus marcas!

Nombre _____

▶ **Completa tu cartel de estrategias para tomar una prueba.**

Cosas por hacer antes de una prueba	Cosas por hacer durante una prueba
1. Asegúrate de saber _____ _____	**4.** Lee todas _____ _____
2. Come _____ _____	**5.** Contesta _____ _____
3. Duerme y _____ _____	**6.** Si hubiera tiempo, _____ _____

▶ **Vuelve a escribir cada consejo para tomar un examen a fin de hacerlo correctamente.**

7. Comienza por el principio y contesta cada pregunta en orden.

_____

_____

8. Lee solamente las primeras instrucciones. Servirán para todo el examen.

_____

_____

Cuaderno de práctica
¡A sus marcas!

Nombre _____

▶ **Lee las oraciones y subraya la forma del verbo *ser* en cada una.**

1. Eres 1 dólar más rico que antes.

2. Cinco monedas de 1 centavo son cinco centavos.

3. Lo que ganas por ahorrar es el interés.

4. El hipopótamo que compré es para ti.

5. Tú y yo somos buenos negociantes.

▶ **Lee las siguientes oraciones y encierra en un círculo las formas del verbo *estar*.**

6. El banco está cerrado los domingos.

7. Estoy trabajando mucho para ahorrar dinero.

8. ¿Estás contento con tu trabajo?

9. El señor Pérez y yo estamos listos para cerrar el negocio.

10. Mis ahorros están en la caja fuerte.

¡Inténtalo! Escoge tres de las formas verbales de *ser* o *estar* que aparecen en las oraciones anteriores y escribe un pequeño párrafo.

Cuaderno de práctica
¡A sus marcas!

Nombre _____

▶ **Dobla el papel a lo largo de la línea de puntos. Mientras escuchas las palabras de ortografía, escríbelas en el espacio en blanco. Luego desdobla el papel y revisa tus palabras. Practica escribiendo de nuevo las palabras que fallaste.**

1. _____

2. _____

3. _____

4. _____

5. _____

6. _____

7. _____

8. _____

9. _____

10. _____

11. _____

12. _____

13. _____

14. _____

15. _____

PALABRAS DE ORTOGRAFÍA

1. casa
2. masa
3. luna
4. cuna
5. fiel
6. miel
7. nata
8. lata
9. pila
10. fila
11. rato
12. gato
13. dos
14. tos
15. voz

© Harcourt

Cuaderno de práctica
¡A sus marcas!

Nombre _____

▶ **Escribe sobre las líneas una de las palabras del vocabulario para terminar la carta.**

señalar	celebraciones	escoger
normal	huellas	repentinas

Querido abuelo:

Después de **(1)** _____ la ruta que íbamos a seguir y de

(2) _____ en el mapa los puntos que queríamos conocer,

partimos rumbo al desierto. Llevamos ya una semana aquí y es maravilloso. Todas las

mañanas nos despertamos muy temprano, como es lo

(3) _____, y planeamos nuestro día. Admiramos las bellas

flores de la planta del cacto. Encontramos **(4)** _____ de

animales salvajes y las seguimos para ver hacia adónde van. Tratamos de seguir el plan

trazado pero algunas veces suceden cosas **(5)** _____ que

despiertan nuestra curiosidad. Las puestas del Sol son hermosísimas. El cielo se cubre

de colores rojo, naranja y amarillo. Pronto estaremos de regreso y estoy segura de

que en una de las **(6)** _____ de bienvenida tendré la

oportunidad de contarte nuestra experiencia con todos los detalles.

        Te quiero mucho.

        Alicia

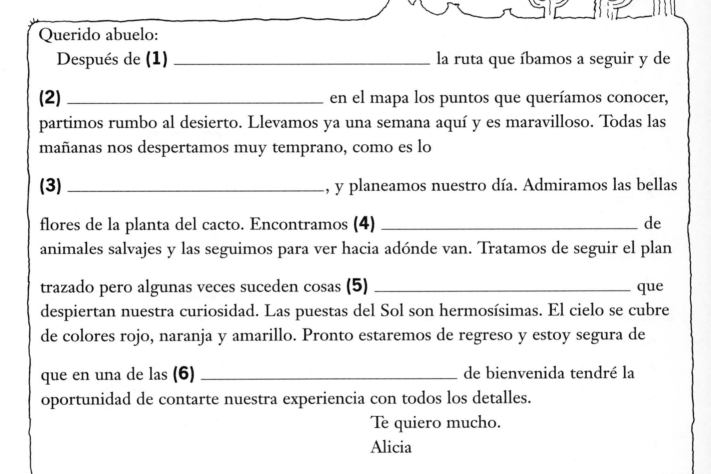

▶ **Completa la oración con una palabra del vocabulario.**

7. Los animales y la gente dejan

_____ cuando caminan.

8. La gente alrededor del mundo disfruta de las _____.

© Harcourt

Cuaderno de práctica
¡A sus marcas!

Nombre _____

▶ **Lee el párrafo. Después, haz un círculo alrededor de la letra con la mejor respuesta para cada pregunta.**

La gente en todo el mundo celebra los cumpleaños. En Escocia, un pastel especial se hornea con una moneda adentro para que la encuentre algún invitado con suerte. Los niños de Guatemala comúnmente tienen un juego especial para cumpleaños. Con los ojos vendados los jugadores toman turnos tratando de pegarle a la piñata llena de monedas y dulces. Cuando la piñata se rompe todos corren a juntar monedas y dulces. No importa en qué forma se celebren, los cumpleaños son divertidos.

1 ¿Cuál de las siguientes palabras explican mejor el tema del párrafo?

A juegos

B juegos de cumpleaños

C celebraciones de cumpleaños

D monedas y dinero

> 💡 **Sugerencia**
> Recuerda que el tema principal es el punto central de cada oración en el párrafo.

2 ¿Cuál de las siguientes ideas pertenece a un resumen en el párrafo?

F Cuánto les gusta a los niños el pastel y la nieve.

G Una rebanada de pastel de cumpleaños escocés con una moneda adentro.

H Fiestas de cumpleaños sin juegos.

J Qué difícil es quebrar una piñata.

> 💡 **Sugerencia**
> Un buen resumen habla de las principales ideas del párrafo. No incluye otras ideas o información.

3 ¿Cuál de las preguntas te puede ayudar mejor a resumir el párrafo?

A ¿Qué más sé acerca de este tema?

B ¿Cuál es mi opinión acerca de este tema?

C ¿De qué idea o tema hablan todos los detalles?

D ¿Por qué el autor escogió hablar de este tema?

> 💡 **Sugerencia**
> Recuerda que un resumen repite solamente lo que leíste. No va más allá.

4 Escribe un resumen del párrafo con una oración.

© Harcourt

Nombre _____

▶ **Lee las oraciones y encierra en un círculo el adverbio que describe al verbo.**

1. Elijo cuidadosamente lo que escribo en el cuaderno.

2. Debes correr rápido para alcanzar los remolinos.

3. Ella miraba las nubes silenciosamente.

4. Caminaba canturreando mientras buscaba huellas de venado.

5. La liebre estaba completamente inmóvil.

▶ **Lee las oraciones y subraya el verbo. Escribe sobre las líneas el adverbio que lo describe.**

6. Pasé casualmente por ese camino. _____

7. Miré detenidamente para ver la lluvia

de estrellas. _____

8. Mi corazón palpitó intensamente

al ver las nubes verdes. _____

9. Te explicaré bien lo que pienso de las

celebraciones. _____

10. Les dije francamente que mi Año Nuevo

no es en enero. _____

¡Inténtalo! Escoge dos de las oraciones anteriores. Vuélvelas a escribir usando un adverbio diferente en cada una.

Cuaderno de práctica
¡A sus marcas!

Nombre _____

▶ **Dobla el papel a lo largo de la línea de puntos. Mientras escuchas las palabras de ortografía, escríbelas en el espacio en blanco. Luego desdobla el papel y revisa tus palabras. Practica escribiendo de nuevo las palabras que fallaste.**

1. _____

2. _____

3. _____

4. _____

5. _____

6. _____

7. _____

8. _____

9. _____

10. _____

11. _____

12. _____

13. _____

14. _____

15. _____

PALABRAS DE ORTOGRAFÍA

1. juguetería
2. tranvía
3. sugería
4. podría
5. compañía
6. vendía
7. conseguía
8. ponía
9. atrevía
10. tenía
11. habría
12. bebía
13. mayoría
14. saldría
15. veía

© Harcourt

Cuaderno de práctica
¡A sus marcas!

Nombre _____

▶ **Escribe la palabra del vocabulario que mejor conteste la pregunta en la línea junto a cada clave.**

molino	apreciaba	surcos
abundante	enmendar	matorrales

1. Somos ranuras hechas por el arado en la tierra. ¿Qué somos?

_____

2. Somos un grupo de plantas que crecemos en cierta área. ¿Qué somos?

_____

3. Soy una máquina que se activa con el viento. ¿Qué soy?

_____

4. Siempre soy más que suficiente. ¿Qué soy?

_____

5. Después de lo que hiciste, debes hacer esto con tus errores. ¿Qué debes hacer?

_____

6. Juan estimaba a Lucía. ¿Cuál es un sinónimo de estimaba?

_____

Cuaderno de práctica
¡A sus marcas!

Nombre _____

▶ **Lee el cartel. Imagínate que estás de visita en un parque de la vida salvaje. ¿Qué animales verías? En la siguiente tabla, escribe dos causas y los efectos que tendría si tú le ofrecieras comida a algunos de los animales que vieras durante tu visita.**

Por qué no debes alimentar a los animales salvajes

1. Es una realidad que buscar comida es algo natural para muchos animales. Cuando alimentas a los animales salvajes, ellos esperan ser alimentados y dejan de buscar la comida que necesitan para vivir.

2. Muchos animales salvajes grandes, como los venados y las ovejas de cuernos largos, tienen el estómago diseñado para comer zacate y arbustos. Cuando les das de comer galletas y otros alimentos, pueden tener problemas para digerir la nueva comida y hasta se pueden enfermar.

3. Los animales salvajes que se acostumbran a ser alimentados pueden ser peligrosos. Cuando un oso grande se acerca a tu carro en un parque de vida salvaje, recuerda; es muy probable que ese oso sea alimentado por la gente.

CAUSA	EFECTO
1. _____ _____ _____	_____ _____ _____
2. _____	_____

💡 **Sugerencia**

Repasa el cartel para las causas. Recuerda que las causas son acciones.

💡 **Sugerencia**

¿Qué podría pasar como resultado directo del evento que escribiste debajo de CAUSA?

© Harcourt

▶ **Lee la historia. Después haz un círculo alrededor de la letra con la mejor respuesta para cada pregunta.**

El jardín de Hattie es el mejor jardín que he visto. Aunque su primer jardín era un desastre <u>porque</u> ella no sabía algunas de las reglas importantes. Plantaba las semillas en una capa muy delgada de tierra. Cuando llovía, la capa de encima se deslavaba. <u>Como resultado</u>, los pájaros veían las semillas y se las comían. Después Hattie regaba mucho las plantas de sábila, porque ella pensaba que las plantas siempre necesitan del agua. Después de que el último sábila quedó destruído, Hattie decidió ir directamente a la Librería Green Thumb. <u>Para así</u> evitar más errores, leyó un libro llamado *Cómo cultivar un gran jardín.*

1 ¿Cuál declaración resume por qué el primer jardín de Hattie fracasó?

   A No escarbó lo suficiente para plantar las semillas.

   B No sabía algunas de las reglas importantes de la jardinería.

   C Regaba sus plantas de sábila demasiado.

   D No leyó un libro de jardinería antes de empezar.

> 💡 **Sugerencia**
> ¿Cuál declaración resume <u>todos</u> los motivos que hubo para que el jardín de Hattie fracasara?

2 ¿Qué crees que aprendió Hattie acerca de sembrar cuando los pájaros se comieron las semillas?

   F Tiene que cubrir la tierra para proteger las semillas de la lluvia.

   G Tiene que leer acerca de la jardinería antes de sembrar.

   H Tiene que plantar las semillas profundamente en la tierra.

   J Tiene que mantener a los pájaros alejados de su jardín.

> 💡 **Sugerencia**
> Piensa a qué se refiere la pregunta: ¿Qué aprendió Hattie acerca de la jardinería?

3 ¿Qué hizo que Hattie finalmente fuera a la librería?

   A Su última planta de sábila fue destruída.

   B Su jardín era un desastre de lodo.

   C Ella quería un libro de jardinería.

   D La capa de tierra de encima se deslavó.

> 💡 **Sugerencia**
> ¿Qué evento singular hizo que Hattie decidiera finalmente ir a la librería?

Cuaderno de práctica
¡A sus marcas!

Nombre _____

▶ **Lee las oraciones y subraya el adverbio. Escribe sobre las líneas si es un adverbio de *tiempo* o de *lugar*.**

1. La casa está junto a un solitario camino. _____

2. Alejandro siempre se despertaba
temprano. _____

3. Los pájaros volaban cerca del cielo. _____

4. Los visitantes se iban pronto. _____

5. Construyó un segundo pozo lejos de

la casa. _____

▶ **Completa las siguientes oraciones con un adverbio. Sigue las instrucciones que están entre paréntesis.**

6. Iré a la casita de Alejandro _____. **(de tiempo)**

7. Los conejos saltarines viven _____ de las ciudades. **(de lugar)**

8. La huerta está _____ de la casa. **(de lugar)**

9. _____ vino un venado al pozo. **(de tiempo)**

10. Los pájaros se paran _____ las ramas. **(de lugar)**

Cuaderno de práctica
¡A sus marcas!

Nombre _____

El regalo de Alejandro

Ortografía:
Sílabas *ge, gi* y *ja,
je, ji, jo, ju*

▶ **Dobla el papel a lo largo de la línea de puntos. Mientras escuchas las palabras de ortografía, escríbelas en el espacio en blanco. Luego desdobla el papel y revisa tus palabras. Practica escribiendo de nuevo las palabras que fallaste.**

1. _____

2. _____

3. _____

4. _____

5. _____

6. _____

7. _____

8. _____

9. _____

10. _____

11. _____

12. _____

13. _____

14. _____

15. _____

PALABRAS DE ORTOGRAFÍA

1. caja
2. plumaje
3. mujer
4. ejemplo
5. recoger
6. bajamos
7. agitaban
8. género
9. ojo
10. Alejandro
11. vigilar
12. protegido
13. ligeras
14. fija
15. junto

Cuaderno de práctica
¡A sus marcas!

▶ **Lee las siguientes palabras. Luego completa las oraciones escogiendo las palabras que correspondan. Puedes usar la misma palabra más de una vez.**

protección

reducida

ambiente   visible   húmedas

organismos

1. Debemos darles _____ a las áreas verdes.

2. Tenemos que proteger nuestro _____.

3. Los animales son _____ vivos.

4. Los animales en peligro de extinción necesitan nuestra _____.

5. No será _____ porque ocurrirá después de la puesta de Sol.

▶ **Dibuja una línea desde la palabra del vocabulario hasta la palabra que tenga un significado parecido.**

6. visible   criaturas

7. reducida   mojadas

8. organismos   se puede ver

9. húmedas   limitada

10. ambiente   clima

11. protección   refugio

© Harcourt

¡Inténtalo!

Escribe oraciones usando las palabras del vocabulario.

Nombre _____

▶ **Lee cada pregunta y escribe la respuesta sobre las líneas. Para responder las preguntas, recuerda lo que aprendiste sobre las partes de un libro y observa con atención el contenido del libro que aparece aquí.**

1. ¿Qué parte del libro es *El ancho mar*?

_____

2. Si quieres buscar información sobre el golfo de México, ¿en qué capítulo buscarías?

_____

3. ¿En qué sección del libro aparece la lista de capítulos con los números de página?

_____

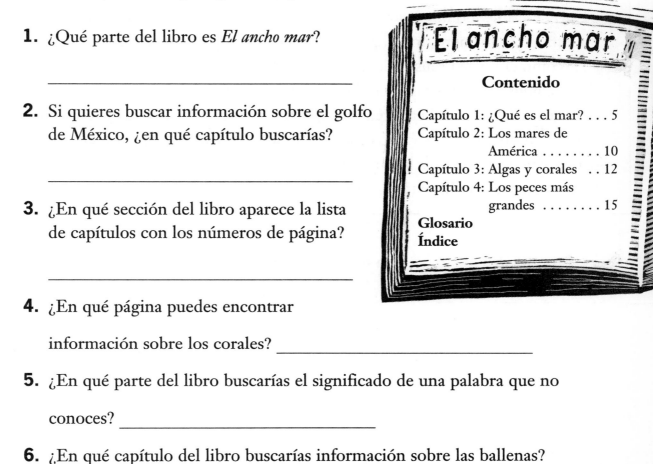

El ancho mar

Contenido

Capítulo 1: ¿Qué es el mar? . . . 5
Capítulo 2: Los mares de
América 10
Capítulo 3: Algas y corales . . 12
Capítulo 4: Los peces más
grandes 15
**Glosario
Índice**

4. ¿En qué página puedes encontrar

información sobre los corales? _____

5. ¿En qué parte del libro buscarías el significado de una palabra que no

conoces? _____

6. ¿En qué capítulo del libro buscarías información sobre las ballenas?

_____

7. ¿Cómo se llama el primer capítulo del libro? _____

8. ¿Dónde buscarías un tema por orden alfabético para saber en qué página está

localizado? _____

© Harcourt

Cuaderno de práctica
¡A sus marcas!

▶ **Completa las dos primeras columnas de la tabla S-Q-A. Luego usa la información de la historia para completar la última columna.**

> Estoy escribiendo una historia sobre la corteza terrestre y sus cambios con el tiempo. Primero, investigaré las diferentes capas de la Tierra. Quiero saber cómo el núcleo causa que la superficie cambie de forma. Tengo que buscar algunas palabras también. Por ejemplo, no sé lo que significa *magma*. Mi maestra, la Sra. Globetrotter, dice que podré encontrar la información que necesito en libros que se escribieron recientemente. Ella dice que los científicos siempre encuentran cosas nuevas y cambian los datos. También me dijo que los científicos pensaban hace tiempo que la Tierra era plana.

Lo que sé	Lo que quiero saber	Lo que aprendí
_____	_____	_____
_____	_____	_____
_____	_____	_____
_____	_____	_____

Escribe una oración resumiendo lo anterior.

_____

_____

_____

▶ **Estudia la siguiente gráfica de barras. Luego contesta las preguntas.**

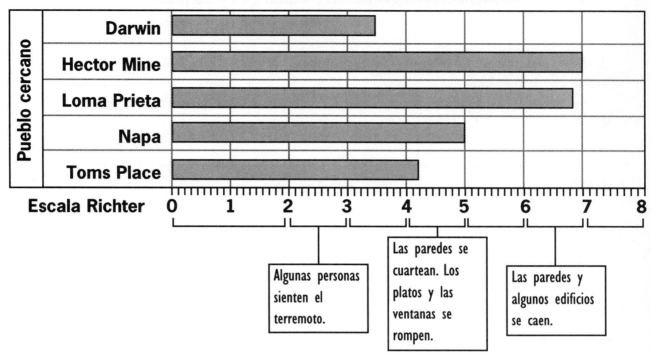

Terremotos recientes en California 1999-2001

1. ¿Dónde ocurrieron los dos terremotos más grandes?

_____

2. ¿Qué estragos ocurrieron a causa del terremoto en Loma Prieta?

_____

3. ¿Dónde en Estados Unidos, ocurrieron estos terremotos?

_____

4. ¿Como cuántos puntos de diferencia hay entre el terremoto cerca de Darwin y el de cerca de Hector?

_____

▶ **Lee las oraciones y fíjate que no tienen comas. Vuelve a
escribir cada una usando las comas correctamente.**

1. Los seres vivientes son las personas los animales y las plantas.

_____

2. Si el bosque no produce no hay madera.

_____

3. Gracias al Sol la tierra recibe luz.

_____

4. En el mar viven juntos peces cangrejos erizos y caracoles.

_____

5. Ana vamos a recoger la basura.

_____

6. Cuidaremos los mares los lagos las montañas y los desiertos.

_____

7. Existen flores rojas verdes blancas y hasta negras.

_____

8. Gracias por enseñarme a reciclar mamá.

_____

9. No ya le dije que no quiero cazar patos.

_____

10. En el mar vi ballenas tiburones focas y delfines.

_____

¡Inténtalo! Escribe tres oraciones sin comas. Después vuélvelas a escribir
correctamente.

Cuaderno de práctica
¡A sus marcas!

© Harcourt

▶ **Dobla el papel a lo largo de la línea de puntos.**
Mientras escuchas las palabras de ortografía, escríbelas
en el espacio en blanco. Luego desdobla el papel y
revisa tus palabras. Practica escribiendo de nuevo las palabras
que fallaste.

1. _____
2. _____
3. _____
4. _____
5. _____
6. _____
7. _____
8. _____
9. _____
10. _____
11. _____
12. _____
13. _____
14. _____
15. _____

PALABRAS DE ORTOGRAFÍA

1. aprendiera
2. limpieza
3. despierta
4. dientes
5. caliente
6. viento
7. contiene
8. cuentos
9. fuerza
10. ambiente
11. viviente
12. suelo
13. variedad
14. especies
15. nuestro

© Harcourt

Cuaderno de práctica
¡A sus marcas!

Nombre _____

▶ **Escribe la palabra del vocabulario que corresponda a cada definición.**

| eventualmente | atmósfera | continente |
| universo | sensacional | esfera |

1. pelota
globo

_____

2. después
finalmente

_____

3. envoltura gaseosa de la Tierra

_____

4. masa de
tierra

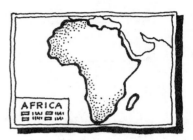

_____

5. todo lo que existe
todo el espacio exterior

_____

6. que produce una sensación
o impresión muy fuerte

_____

▶ **Escribe las palabras del vocabulario que mejor completen cada oración.**

7. Una bola de nieve tiene la forma de una _____.

8. Norte América, un cuerpo enorme de tierra es un _____.

¡Inténtalo! Imagina que estás en una nave espacial. Discute lo que puedes ver, utilizando todas las palabras de vocabulario posibles.

64

Cuaderno de práctica
¡A sus marcas!

© Harcourt

Nombre _____

▶ **Lee el párrafo. Después haz un círculo alrededor de la letra para la respuesta correcta.**

El símbolo nacional de Estados Unidos de Norteamérica es el águila calva. La ley protege al águila calva de la cacería. También las águilas hacen sus nidos en la punta de los árboles o en los arrecifes de rocas para que los animales no las alcancen. Sin embargo, el águila calva está en peligro de extinción. Los aerosoles que se utilizan para ahuyentar los insectos de los cultivos son dañinos para los huevos de las águilas. Estos aerosoles, llamados pesticidas, hacen que el cascarón se rompa. El número de nacimientos de águilas calvas ha disminuido.

1 ¿Qué causó que el águila calva esté en peligro de extinción?

   A ser el símbolo nacional de Estados Unidos de Norteamérica

   B construir nidos en los arrecifes de rocas

   C el uso de pesticidas

   D ser indefensos al salir del cascarón

> 💡 **Sugerencia**
> Elimina la respuesta que no es peligrosa. Evalúa las respuestas restantes por lo peligrosas que son.

2 ¿Qué efecto tienen los pesticidas en los huevos según el autor?

   F Hacen que el ave salga del cascarón antes de tiempo.

   G Hacen que el cascarón se debilite.

   H Hacen que el recién nacido sea más pequeño.

   J Hacen que el cascarón sea más fuerte.

> 💡 **Sugerencia**
> Busca las palabras de señal como *causa*.

3 ¿De qué manera ayuda a las águilas a sobrevivir el hacer su nido en lo alto?

   A Las águilas jóvenes aprenden a volar dejándose caer del nido.

   B Los pesticidas no llegan hasta esa altura.

   C Los animales se comen fácilmente los huevos de las águilas.

   D Los animales no pueden alcanzar los nidos de las águilas.

> 💡 **Sugerencia**
> Busca el efecto señalado por las palabras *para que*.

© Harcourt

Cuaderno de práctica
¡A sus marcas!

Nombre _____

▶ **Escribe sobre las líneas los signos de puntuación que hacen
falta para completar las oraciones.**

1. _____ Adónde voy a llegar?

2. ¡Qué grande es Texas _____

3. Al armadillo le gustaba caminar y caminar _____

4. ¿Cómo puedo saber dónde estoy _____

5. El armadillo y el águila se hicieron amigos _____

▶ **Completa las siguientes oraciones con los signos
de puntuación correctos. Sigue las instrucciones
que están entre paréntesis.**

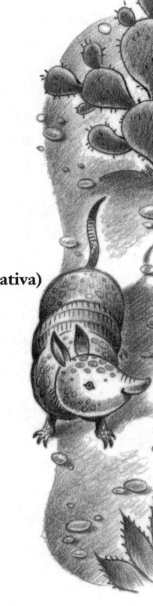

6. _____A la luna vamos a llegar _____ **(exclamativa)**

7. _____ En qué parte del mundo podemos

estar _____ **(interrogativa)**

8. Vivo en Texas _____ **(declarativa)**

9. La Tierra es un lugar especial _____ **(declarativa)**

10. _____ Podemos volar aún más alto _____
(interrogativa)

11. ¡Sólo veo flores amarillas _____ **(exclamativa)**

12. _____ Está Texas en Estados Unidos _____
(interrogativa)

Cuaderno de práctica
¡A sus marcas!

Nombre _____

▶ **Dobla el papel a lo largo de la línea de puntos. Mientras escuchas las palabras de ortografía, escríbelas en el espacio en blanco. Luego desdobla el papel y revisa tus palabras. Practica escribiendo de nuevo las palabras que fallaste.**

1. _____

2. _____

3. _____

4. _____

5. _____

6. _____

7. _____

8. _____

9. _____

10. _____

11. _____

12. _____

13. _____

14. _____

15. _____

PALABRAS DE ORTOGRAFÍA

1. anda
2. alto
3. este
4. obra
5. once
6. onda
7. urge
8. abre
9. alza
10. arco
11. arde
12. arma
13. arte
14. otra
15. alba

Cuaderno de práctica
¡A sus marcas!

▶ **Completa cada analogía con una palabra del vocabulario.**

fuerza	núcleo	esparcen
viento solar	partículas	fluorescente

1. Las ciencias es a la astronomía como gravedad es a

_____.

2. Semillas es a fruta como _____

es a cometa.

3. Sol es a luz como viento es a _____.

4. Pequeño es a enorme como _____

es a cometas.

5. Luz es a _____ como sonido es

a música.

6. La luz de Luna es a luna como el _____

es a Sol.

▶ **Utiliza una palabra del vocabulario para completar cada rima.**

7. No hagas tanta _____,

si no quieres que se tuerza.

8. Tanta luz _____ me nublaba la mente.

9. El rugido del oso polar tenía la intensidad del

_____.

 **¡Inténtalo!** **Adivinanzas** para palabras de vocabulario. Por ejemplo: Yo soy fuerte. Yo puedo mover cosas. ¿Qué soy? **(fuerza)**

Cuaderno de práctica
¡A sus marcas!

Nombre _____

▶ **Supón que estás leyendo un libro acerca del espacio sideral. Escoge en qué parte del libro buscarías la respuesta para cada pregunta. Después haz un círculo alrededor de la letra con la respuesta que escogiste.**

1 ¿En qué página empieza el título del capítulo "Cometas"?

A glosario   **C** tabla de contenido

B índice   **D** título de página

> **Sugerencia**
>
> Marca con una cruz las respuestas que creas que están mal.

2 ¿Cuál es el significado de *gravedad*?

F glosario   **H** tabla de contenido

G índice   **J** título de página

> **Sugerencia**
>
> Recuerda dónde encontrar definiciones

3 ¿En qué páginas se discute acerca del astrónomo Jan H. Oort?

A glosario   **C** tabla de contenido

B índice   **D** título de página

> **Sugerencia**
>
> ¿Dónde podrás encontrar una lista de nombres y títulos?

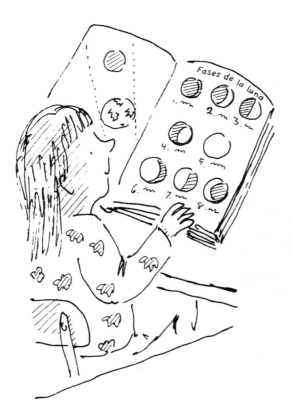

Cuaderno de práctica
¡A sus marcas!

Nombre _____

▶ **Escribe correctamente las abreviaturas de las siguientes palabras.**

1. señor _____

2. doctora _____

3. avenida _____

4. kilómetro _____

5. diciembre _____

▶ **Completa las siguientes oraciones con las abreviaturas correspondientes. Sigue las instrucciones que están entre paréntesis.**

6. Buenas tardes, _____ López. **(doctor)**

7. El Centro Espacial queda en la _____ del Sol. **(avenida)**

8. La _____ Martínez quiere ser astronauta. **(señorita)**

9. El señor Rojas vendrá mañana a las 8 _____ **(antes del mediodía)**

10. El artículo sobre la Luna está en la _____ 12. **(página)**

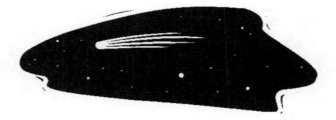

¡Inténtalo! Rotula un sobre para enviar una carta. Usa abreviaturas en el destinatario y en el domicilio.

© Harcourt

Nombre _____

▶ **Dobla el papel a lo largo de la línea de puntos. Mientras escuchas las palabras de ortografía, escríbelas en el espacio en blanco. Luego desdobla el papel y revisa tus palabras. Practica escribiendo de nuevo las palabras que fallaste.**

1. _____

2. _____

3. _____

4. _____

5. _____

6. _____

7. _____

8. _____

9. _____

10. _____

11. _____

12. _____

13. _____

14. _____

15. _____

PALABRAS DE ORTOGRAFÍA

1. cometa
2. satélite
3. cielo
4. remoto
5. astrónomo
6. asteroide
7. astronauta
8. órbita
9. esfera
10. eclipse
11. espacial
12. solar
13. brillante
14. planetas
15. fluorescente

Cuaderno de práctica
¡A sus marcas!

Índice de estrategias y destrezas

Cuaderno de práctica
¡A sus marcas!

TROFEOS

Pruebas al final de la lectura

Grado 3 • Tomo dos

Papá cuenta una historia a Chita

Instrucciones: Para las preguntas 1 a la 18, rellena el círculo de la respuesta correcta. Para las preguntas 19 y 20, escribe la respuesta.

Vocabulario

1. Si recoges zarzamoras, ten cuidado con las _____ .

  Ⓐ zarzuelas   Ⓑ zarzas

  Ⓒ salsas   Ⓓ culturas

2. El _____ ordenó a sus tropas que marcharan hacia adelante.

  Ⓐ coronel   Ⓑ contrario

  Ⓒ consuelo   Ⓓ comedor

3. El uniforme del _____ era verde.

  Ⓐ claveles   Ⓑ enfermos

  Ⓒ soldados   Ⓓ hospitales

4. Por aquí no viene un _____ .

  Ⓐ intruso   Ⓑ indignado

  Ⓒ ingerido   Ⓓ inseparable

5. Deja las piernas _____ para descansar.

  Ⓐ escalones   Ⓑ estribos

  Ⓒ estiradas   Ⓓ estornudas

6. No me di cuenta del escalón y me _____ .

  Ⓐ bailé   Ⓑ dormí

  Ⓒ confundí   Ⓓ tropecé

Cuaderno de práctica
¡A sus marcas!

7. Era _____ llamar al médico.
- (A) insoportable
- (B) urgente
- (C) innecesario
- (D) interesante

Comprensión

8. Chita disfruta el tiempo que pasa con Papá porque _____ .
- (A) ya no tiene que lavar la loza
- (B) ayuda a Papá en la oficina
- (C) le gustan los cuentos que Papá le cuenta
- (D) así le dice a su mamá que se apure con la loza

9. Papá es _____ .
- (A) doctor
- (B) vaquero
- (C) cuentista
- (D) maestro

10. En este cuento, Papá pelea en _____ .
- (A) la Guerra de Independencia de los Estados Unidos
- (B) la Guerra Civil Americana
- (C) la Segunda Guerra Mundial
- (D) la Guerra de Estados Unidos contra España

11. Chita sabe de antemano el cuento de Papá porque _____ .
- (A) lo lee antes que él
- (B) lo ha visto antes
- (C) lo ha escuchado varias veces
- (D) ella lo inventó

12. ¿En dónde sucede el cuento de Papá?
- (A) México
- (B) Cuba
- (C) los Estados Unidos
- (D) África

© Harcourt

Cuaderno de práctica
¡A sus marcas!

13. En el cuento de Papá, el problema del coronel era que no tenía suficientes _____ .

Ⓐ armas y municiones

Ⓑ equipos y medicinas

Ⓒ soldados y equipo

Ⓓ soldados y bolsas

14. Se resuelve el problema del coronel porque Papá se ofrece a _____ .

Ⓐ llevar una carta secreta a las otras tropas

Ⓑ buscar los materiales en el pantano

Ⓒ usar sus conocimientos para hacer nuevos equipos

Ⓓ nadar con los caimanes para probar que es valiente

15. Papá convenció al coronel que era el soldado más _____ .

Ⓐ fuerte

Ⓑ rápido

Ⓒ listo

Ⓓ valiente

16. Majestuoso es el nombre de _____ .

Ⓐ un soldado

Ⓑ un caballo

Ⓒ una serpiente

Ⓓ un pájaro

17. Tal vez el saco de Papá era de piel de aceite por _____ .

Ⓐ ser bonito

Ⓑ delicado

Ⓒ ser a prueba de agua

Ⓓ viejo

18. En el cuento que cuenta Papá, ¿dónde trata de dormir él?

Ⓐ cerca del agua

Ⓑ en el pantano

Ⓒ arriba en la colina

Ⓓ en un nido de águila

Cuaderno de práctica
¡A sus marcas!

19. Escribe qué hace el oficial que está a cargo cuando Papá llega con el mensaje.

_____

_____

_____

_____

_____

_____

_____

20. ¿Podría ser real este cuento?

_____

_____

_____

_____

_____

_____

_____

_____

Cuaderno de práctica
¡A sus marcas!

Coyote acomoda las estrellas

Instrucciones: Para las preguntas 1 a la 18, rellena el círculo de la respuesta correcta. Para las preguntas 19 y 20, escribe la respuesta.

Vocabulario

1. Leandro llegó _____ de caminar toda la tarde.
- Ⓐ dormido
- Ⓑ lejos
- Ⓒ exhausto
- Ⓓ bailando

2. Coyote se _____ en acomodar las estrellas.
- Ⓐ afanó
- Ⓑ inflamó
- Ⓒ elevó
- Ⓓ montó

3. Ed es _____ para hacer dibujos de caballos.
- Ⓐ digno
- Ⓑ hábil
- Ⓒ raro
- Ⓓ orgulloso

4. La maestra _____ al grupo de estudiantes.
- Ⓐ fabricó
- Ⓑ logró
- Ⓒ dispersó
- Ⓓ intentó

5. Quiero que _____ las estrellas todas las noches.
- Ⓐ detengas
- Ⓑ deslices
- Ⓒ contemples
- Ⓓ tires

6. Tina estaba llena de _____ de que fuera premiada por sus hazañas.
- Ⓐ orgullo
- Ⓑ oruga
- Ⓒ receta
- Ⓓ consuelo

7. El artista trabaja en su _____.

Ⓐ distraída   Ⓑ atontada

Ⓒ obra   Ⓓ disparada

Comprensión

8. Este cuento es _____ .

Ⓐ una exageración

Ⓑ un cuento de hadas

Ⓒ una adivinanza

Ⓓ una leyenda

9. ¿Cuándo sucede este cuento?

Ⓐ durante la luna llena

Ⓑ después de una tormenta severa

Ⓒ es reciente

Ⓓ hace muchos años

10. Coyote lanza una flecha tras otra porque _____ .

Ⓐ practica su puntería

Ⓑ trata de alcanzar al Oso

Ⓒ quiere conectar las flechas para hacer una escalera

Ⓓ no se puede llevar las flechas a la Luna

11. ¿Cuál de estos sucesos ocurre primero?

Ⓐ Coyote hace un dibujo de Oso con estrellas.

Ⓑ Coyote empieza a aullar.

Ⓒ Coyote regresa a la Tierra.

Ⓓ Coyote dispara una flecha que llega a la Luna.

© Harcourt

12. ¿De dónde saca ideas Coyote para la mayoría de los dibujos que hace _____?

Ⓐ cuando piensa en sí mismo y en sus amigos

Ⓑ de las estrellas

Ⓒ de las ideas de Oso

Ⓓ buscando figuras en la luna

13. Para los otros animales, el aullido de Coyote es _____ .

Ⓐ cruel Ⓑ furioso

Ⓒ triste Ⓓ misterioso

14. Coyote les pidió a todos los animales que _____ .

Ⓐ cuando hagan celebraciones lo inviten

Ⓑ disparen flechas al cielo y hagan sus propias creaciones

Ⓒ cuando vean su obra lo recuerden a él y a todos los animales del cañón

Ⓓ lo nombren el animal más veloz

15. ¿A qué grupo pertenecen las palabras *graznidos* y *aullidos*?

Ⓐ cuando vuelan las flechas

Ⓑ los sonidos de los animales

Ⓒ cómo vuelan los pájaros

Ⓓ las cosas que hace Coyote

16. Los animales hacen una fiesta porque _____ .

Ⓐ quieren celebrar a Coyote Ⓑ se termina el verano

Ⓒ tienen mucha hambre Ⓓ Águila los obliga

17. ¿Cuál palabra describe mejor a Coyote?

Ⓐ peligroso Ⓑ musical

Ⓒ temeroso Ⓓ imaginativo

Cuaderno de práctica
¡A sus marcas!

18. ¿Cuál es el propósito de este cuento?

Ⓐ darnos datos sobre los coyotes

Ⓑ explicar la apariencia del cielo en la noche

Ⓒ explicar cómo se usa un arco y una flecha

Ⓓ describir animales que viven en el desierto

19. Nombra dos cosas que hacen a Coyote muy astuto.

_____

_____

_____

_____

_____

_____

20. Escribe una lista de los sonidos que emiten tres animales distintos.

_____

_____

_____

_____

_____

_____

_____

© Harcourt

Cuaderno de práctica
¡A sus marcas!

Los pájaros de la cosecha

Instrucciones: Para las preguntas 1 a la 18, rellena el círculo de la respuesta correcta. Para las preguntas 19 y 20, escribe la respuesta.

Vocabulario

1. Los _____ volaban cerca de Juan.
- (A) zanates
- (B) petirrojos
- (C) pericos
- (D) búhos

2. Se _____ la cosecha entre todos los vecinos.
- (A) reparó
- (B) eligió
- (C) repartió
- (D) recogió

3. El cuervo se quedó _____ junto a su amo.
- (A) tomando
- (B) revuelto
- (C) mirando
- (D) revoloteando

4. La _____ es un conjunto de pájaros.
- (A) parvada
- (B) camada
- (C) partícula
- (D) parada

5. Tenía que pedir sus semillas _____ para que le prestaran un terreno.
- (A) fiadas
- (B) fincas
- (C) fiscales
- (D) fingidas

6. A la señora Flores le gustan las hierbas _____ .
- (A) floreadas
- (B) domésticas
- (C) ambulantes
- (D) silvestres

Comprensión

7. ¿Qué hizo Juan en el pueblo justo antes de ponerse a cosechar?

Ⓐ Vendía semillas.   Ⓑ Hacía oficios.

Ⓒ Pagó la tierra de su padre.   Ⓓ Habló con Tata Chon.

8. Juan fue a ver a don Tobías para _____ .

Ⓐ reírse de don Tobías

Ⓑ pedirle a don Tobías consejos

Ⓒ pedirle a don Tobías un terreno prestado

Ⓓ que juntos cosecharan las mazorcas

9. ¿Quién era Grajo?

Ⓐ un zanate   Ⓑ el hermano mayor de Juan

Ⓒ el padre de Juan   Ⓓ el abuelo

10. Juan se hizo amigo de los zanates porque los zanates _____ .

Ⓐ le contaban chistes

Ⓑ no lo molestaban

Ⓒ juntos observaban a Tata Chon

Ⓓ invitaron a Juan a su parvada

11. ¿Quién le prestó un terreno a Juan?

Ⓐ Grajo   Ⓑ don Tobías

Ⓒ Tata Chon   Ⓓ la esposa de don Tobías

12. ¿Dónde se sentía Juan realmente feliz?

Ⓐ en su pueblo rodeado de gente

Ⓑ en casa de Tata Chon

Ⓒ a la sombra de un árbol

Ⓓ en la orilla del río

Cuaderno de práctica
¡A sus marcas!

13. ¿Qué necesitaba Juan para obtener semillas?

Ⓐ tenía que mostrar el nido de zanates

Ⓑ un permiso especial

Ⓒ frijoles

Ⓓ dinero

14. ¿Cómo era el terreno que le prestaron a Juan?

Ⓐ enorme

Ⓑ lleno de rocas

Ⓒ como el desierto

Ⓓ muy pequeño

15. ¿Quién ayuda a Juan inesperadamente a tener una buena cosecha?

Ⓐ don Tobías

Ⓑ su padre y su abuelo

Ⓒ los zanates

Ⓓ los pueblerinos

16. ¿En dónde era conveniente plantar las hierbas silvestres?

Ⓐ en los bordes de la parcela

Ⓑ en los terrenos de don Tobías

Ⓒ junto a un pozo de agua

Ⓓ junto a las mazorcas

17. ¿Qué tenía el cargamento de Juan?

Ⓐ los zanates

Ⓑ mazorcas, frijoles y calabazas

Ⓒ sombreros

Ⓓ hierbas silvestres

Cuaderno de práctica
¡A sus marcas!

18. En esta selección, la expresión "las plantas son como hermanos y hermanas" significa que juntos crecen _____ .

Ⓐ fuertes, pero tristes

Ⓑ sanos y fuertes

Ⓒ solamente tristes

Ⓓ separados, pero contentos

19. ¿Cómo pudo Juan obtener finalmente una buena cosecha?

_____

_____

_____

_____

_____

_____

_____

20. ¿Qué razón tuvo Tata Chon para regalarle el terreno a Juan?

_____

_____

_____

_____

_____

_____

_____

_____

Cuaderno de práctica
¡A sus marcas!

Lon Po Po

Instrucciones: Para las preguntas 1 a la 18, rellena el círculo de la respuesta correcta. Para las preguntas 19 y 20, escribe la respuesta.

Vocabulario

1. El _____ de la reja se rompió.

Ⓐ lobo   Ⓑ cerrado

Ⓒ cerrojo   Ⓓ cerrajero

2. Los huesos del abuelo son _____ por su edad avanzada.

Ⓐ campeones   Ⓑ asistentes

Ⓒ frágiles   Ⓓ anuncios

3. Nos regresamos del monte antes de _____ .

Ⓐ oscurecer   Ⓑ vigilar

Ⓒ aclarar   Ⓓ blanquear

4. El zorro es generalmente un personaje _____ .

Ⓐ estudiado   Ⓑ flojo

Ⓒ cuidadoso   Ⓓ astuto

5. Carla tuvo que dar un _____ fuerte para apagar las velitas del pastel.

Ⓐ soplido   Ⓑ antiguo

Ⓒ salto   Ⓓ profesional

6. Papá estaba _____ porque llegamos a casa con flores silvestres.

Ⓐ gracioso   Ⓑ confuso

Ⓒ encantado   Ⓓ terco

Cuaderno de práctica
¡A sus marcas!

7. La bebita de Isabel es muy _____ .

    Ⓐ aplaudida   Ⓑ tierna

    Ⓒ estirada   Ⓓ tierra

Comprensión

8. *Po Po* es el nombre chino de _____ .

    Ⓐ lobo   Ⓑ mascota

    Ⓒ abuela   Ⓓ hija

9. La madre deja a las niñas solas en casa porque _____ .

    Ⓐ se va a festejar el cumpleaños de la abuela

    Ⓑ las niñas tienen que ir a la escuela por la mañana

    Ⓒ es demasiado lejos para ellas caminar a casa de la abuela

    Ⓓ las niñas están ocupados preparando la cena

10. El lobo se disfraza como viejita para que _____ .

    Ⓐ las niñas crean que el lobo necesita una cama para dormir

    Ⓑ las niñas crean que él es Po Po

    Ⓒ pueda dirigirse a ellas como "joyitas"

    Ⓓ las niñas crean que su madre llegó temprano

11. Cuando el lobo dice "Las gallinas se han dormido", quiere decir que es la hora de _____ .

    Ⓐ dormir   Ⓑ comer

    Ⓒ trabajar   Ⓓ esconderse

12. ¿Quién descubre que la viejita es en realidad un lobo?

    Ⓐ la madre   Ⓑ Po Po

    Ⓒ Shang   Ⓓ Tao

13. La mayor sabe cómo escaparse del lobo porque _____ .

Ⓐ le recuerda que el cerrojo de la puerta está abierto

Ⓑ le explica que los niños no son nutritivos

Ⓒ le dice que tiene que salir a buscarle nueces de ginkgo

Ⓓ se queja de que tiene frío y debe buscar otra cobija

14. Las nueces de ginkgo crecen de _____ .

Ⓐ un árbol grande

Ⓑ la tierra

Ⓒ un arbusto

Ⓓ una mata

15. ¿Cómo convence Shang al lobo de que se meta en la canasta?

Ⓐ Le dice que tiene que meter los pollos en la canasta.

Ⓑ Le dice que la magia funciona si él las toma directamente.

Ⓒ Le pide que baje a las niñas del árbol.

Ⓓ Debe cortar leña para cocinar.

16. El lobo dijo que no podía treparse al árbol por ser _____ .

Ⓐ terco

Ⓑ encantado

Ⓒ malo

Ⓓ frágil

17. Cuando dice "su corazón se partió en mil pedazos", significa que _____ .

Ⓐ se puso muy triste

Ⓑ el corazón se rompió

Ⓒ se murió

Ⓓ le dio un ataque al corazón

Cuaderno de práctica
¡A sus marcas!

18. Este cuento es _____ .

Ⓐ una adivinanza

Ⓑ una fábula

Ⓒ una leyenda

Ⓓ un cuento folclórico

19. Describe cómo Shang convence al lobo de comer nueces de ginkgo.

_____

_____

_____

_____

_____

_____

20. Describe cómo Shang se deshace del lobo.

_____

_____

_____

_____

_____

_____

Cuaderno de práctica
¡A sus marcas!

¡Qué ruido!

Instrucciones: Para las preguntas 1 a la 18, rellena el círculo de la respuesta correcta. Para las preguntas 19 y 20, escribe la respuesta.

Vocabulario

1. No _____ el ruido de una motocicleta.

   Ⓐ soporto   Ⓑ copio

   Ⓒ imito   Ⓓ digo

2. Esa señora se queja tanto que me va a _____ .

   Ⓐ enloquecer   Ⓑ engordar

   Ⓒ enseñar   Ⓓ entrenar

3. Escuchamos los _____ del bebé justo antes de cenar.

   Ⓐ dichos   Ⓑ discursos

   Ⓒ sollozos   Ⓓ actos

4. Te daré un _____ para que resuelvas tu problema.

   Ⓐ informe   Ⓑ consejo

   Ⓒ consuelo   Ⓓ conejo

5. Creo que es _____ que te vayas a otra ciudad.

   Ⓐ terremoto   Ⓑ terreno

   Ⓒ terrible   Ⓓ territorio

6. Jaime tiene un carácter _____ porque no le gusta discutir.

   Ⓐ enfadado   Ⓑ alborotado

   Ⓒ intranquilo   Ⓓ apacible

© Harcourt

Comprensión

7. Este cuento es como _____ .

Ⓐ un misterio Ⓑ un mito

Ⓒ una biografía Ⓓ un cuento folclórico

8. ¿Cuándo sucede este cuento?

Ⓐ en el pasado Ⓑ en el presente

Ⓒ todo el tiempo Ⓓ en el futuro

9. Esta selección de no ficción ocurre _____ .

Ⓐ en una escuela llena de niños

Ⓑ en la cabaña de un carpintero

Ⓒ en el campo

Ⓓ en la cabaña de Abuelita

10. ¿Por qué están incómodos los miembros de la familia?

Ⓐ La cabaña tiene sólo un cuarto.

Ⓑ Bartolomeo vino a visitar.

Ⓒ Nadie se mueve del paso de la cabra.

Ⓓ Todos juegan dentro de la cabaña.

11. ¿Cómo se llevan estos personajes?

Ⓐ Están bien educados y se tratan con gentileza.

Ⓑ Evitan estorbarse.

Ⓒ Se quejan los unos de los otros.

Ⓓ Le echan la culpa al padre de todos sus problemas.

12. El padre describe su vida como _____ .

Ⓐ miserable Ⓑ ocupada

Ⓒ difícil Ⓓ sin esperanzas

© Harcourt

Cuaderno de práctica
¡A sus marcas!

13. ¿Por qué esta familia trae una cabra a vivir con ellos?

Ⓐ Es más fácil que Mary Ann tome la leche adentro.

Ⓑ El padre insiste.

Ⓒ Bartolomeo les dice que lo hagan.

Ⓓ La cabra tiene frío afuera.

14. Bartolomeo es conocido en el pueblo como un _____ .

Ⓐ viejo

Ⓑ hombre chiflado

Ⓒ hombre cariñoso con los animales

Ⓓ hombre sabio

15. ¿Qué sucede cuando meten la cabra en la casa?

Ⓐ A Meg le gusta la cabra.

Ⓑ Martín y Willy la ignoran.

Ⓒ La cabra los ataca después de que se burlan de ella.

Ⓓ La cabra les da suficiente leche.

16. Cuando la familia se queja de la cabra, Bartolomeo les dice que _____ .

Ⓐ saquen a la cabra afuera

Ⓑ aprendan a llevarse bien con la cabra

Ⓒ dejen de molestar a la cabra

Ⓓ metan a la casa seis gallinas también

17. ¿Qué hacen después de meter las gallinas?

Ⓐ Se quejan más que nunca.

Ⓑ Se quejan menos cada vez.

Ⓒ Se ocupan con los huevos.

Ⓓ Le echan la culpa a los niños por todos sus problemas.

© Harcourt

Cuaderno de práctica
¡A sus marcas!

18. Bartolomeo les dice que metan al burro para que _____ .

Ⓐ no se quede solo el burro afuera

Ⓑ aprecien a todos los animales que tienen

Ⓒ vean que tienen un poco más de lugar

Ⓓ se den cuenta de cuánto lugar tienen en verdad

19. ¿Por qué la familia le hace caso a Bartolomeo aun después que las cosas van mal?

_____

_____

_____

_____

_____

_____

20. ¿Cuál es la lección o moraleja del cuento?

_____

_____

_____

_____

_____

_____

_____

_____

Cuaderno de práctica
¡A sus marcas!

El poni de Leah

Instrucciones: Para las preguntas 1 a la 18, rellena el círculo de la respuesta correcta. Para las preguntas 19 y 20, escribe la respuesta.

Vocabulario

1. En las últimas elecciones elegimos a nuevos oficiales del _____ .
Ⓐ cobro Ⓑ contar
Ⓒ conducto Ⓓ condado

2. Una luz _____ a lo lejos en el cielo.
Ⓐ brillaba Ⓑ tintineaba
Ⓒ apagada Ⓓ colgaba

3. El caballero _____ varios días hasta encontrar a la doncella.
Ⓐ comulgó Ⓑ cabalgó
Ⓒ llegó Ⓓ cultivó

4. El _____ nos dejó elegir entre varios artículos.
Ⓐ granjero Ⓑ subastador
Ⓒ mirador Ⓓ coronel

5. Marcela _____ su bolsa en el centro comercial.
Ⓐ cantó Ⓑ sentó
Ⓒ apretó Ⓓ quitó

6. Papá hizo una _____ que no pudieron rehusar.
Ⓐ oferta
Ⓑ mentira
Ⓒ prenda
Ⓓ pregunta

Cuaderno de práctica
¡A sus marcas!

Comprensión

7. Esta selección es _____ .

  Ⓐ narrativa personal   Ⓑ historia informativa

  Ⓒ ficción histórica   Ⓓ biografía

8. Leah consigue su poni "el año en que el maíz creció alto y derecho" porque _____ .

  Ⓐ Papá necesita un caballo para el ganado

  Ⓑ Papá gana lo suficiente después de vender el maíz

  Ⓒ así puede ir Leah al pueblo a los mandados

  Ⓓ Leah pide uno constantemente

9. Ese año, cuando el maíz no crece más alto que una pulgada, las cosas cambian en casa de Leah porque _____ .

  Ⓐ la familia no tiene dinero

  Ⓑ por las noches hace calor

  Ⓒ Papá está muy enfermo

  Ⓓ Leah no puede pulir el pelo del poni

10. Algunos días, el cielo se pone negro porque _____ .

  Ⓐ lo cubren las nubes

  Ⓑ los pájaros están volando

  Ⓒ se llena de polvo

  Ⓓ llueve a cubetazos

11. ¿Por qué Mamá le hace a Leah su ropa interior con sacos de costal de harina?

  Ⓐ Los sacos son de colores muy bonitos.

  Ⓑ Ese material es muy bueno.

  Ⓒ No hay dónde comprar tela.

  Ⓓ Mamá no tiene dinero para comprar tela.

Cuaderno de práctica
¡A sus marcas!

12. Papá pide dinero prestado al banco para comprar _____ .

Ⓐ semillas Ⓑ un tractor

Ⓒ ganado Ⓓ el poni de Leah

13. Es una época dura para los granjeros porque _____ .

Ⓐ los saltamontes estropean los cultivos

Ⓑ se rompe la maquinaria para siempre

Ⓒ no tienen dinero para comprar semillas

Ⓓ los animales se enferman y mueren

14. ¿Qué le cuesta más trabajo vender a Papá?

Ⓐ el gallo de Mamá Ⓑ el tractor

Ⓒ su camioneta Ⓓ el becerro favorito de Leah

15. Leah cree que el Sr. B va a comprar su poni

porque _____ .

Ⓐ tiene mucho dinero

Ⓑ le gustan los animales

Ⓒ se lo pidió una vez

Ⓓ él le dice que su poni es el más bonito del condado

16. ¿Quién es el señor del sombrero grande?

Ⓐ un vecino

Ⓑ el Sr. B

Ⓒ el subastador

Ⓓ Papá

17. La subasta de un centavo es cuando la gente _____ .

Ⓐ compra centavos para sus colecciones

Ⓑ compra cosas de valor por poco dinero

Ⓒ paga un centavo por cada cosa

Ⓓ paga un centavo para poder asistir a la subasta

Cuaderno de práctica
¡A sus marcas!

18. ¿Qué palabra describe mejor a los vecinos de Leah?

Ⓐ curiosos

Ⓑ generosos

Ⓒ cuidadosos

Ⓓ egoístas

19. ¿Qué hace Leah para prevenir que alguien compre el tractor de Papá?

_____

_____

_____

_____

_____

_____

20. ¿Qué hacen los vecinos justo después que Leah hace una oferta por el tractor de su papá?

_____

_____

_____

_____

_____

_____

¡Yipi yei!

Instrucciones: Para las preguntas 1 a la 18, rellena el círculo de la respuesta correcta. Para las preguntas 19 y 20, escribe la respuesta.

Vocabulario

1. Los vaqueros más _____ son aquellos que trabajan sin cesar.

(A) altos   (B) dedicados

(C) distraídos   (D) asustados

2. El caballo de carreras dormitaba en el _____ .

(A) concierto   (B) dormitorio

(C) rebaño   (D) corral

3. Las personas que cuidan del ganado son los _____ .

(A) asistentes   (B) detectives

(C) subastadores   (D) rancheros

4. Obtuvimos buenas _____ con nuestra venta de pasteles.

(A) partículas   (B) compras

(C) ganancias   (D) limonadas

5. Mi vecino no sigue un buen camino, entonces está _____ .

(A) descarriado   (B) feliz

(C) marcado   (D) apuntado

6. En el nuevo _____ venden frutas y verduras muy frescas.

(A) auditorio

(B) lazo

(C) camino

(D) mercado

Comprensión

7. Según el cuento, la razón principal por la cual no había vaqueras en el viejo Oeste era porque _____ .

(A) no practicaban lo suficiente el montar a caballo

(B) consideraban ese trabajo muy duro para las mujeres

(C) las mujeres se ocupaban de los cultivos

(D) el ganado no soportaba ser guiado por mujeres

8. Los años de 1860 al 1890 marcan la época de _____ en el viejo Oeste.

(A) los ranchos pobres y mal cuidados

(B) el vaquero americano

(C) la vaquera americana

(D) los recorridos del ganado hasta los ferrocarriles

9. Para poder trabajar, un vaquero debía tener _____ .

(A) una buena silla de montar   (B) su propio caballo

(C) espuelas   (D) un corral

10. ¿Cuál era la habilidad más importante de un jinete?

(A) "quebrar" caballos

(B) montar a caballo

(C) enlazar el ganado

(D) marcar el ganado

11. Después de reunir el ganado, los vaqueros _____ .

(A) lazan becerros

(B) marcan el rebaño

(C) marcan los becerros

(D) cuentan el rebaño

12. Los vaqueros no marcan los becerros hasta después de arrearlos porque _____ .

Ⓐ se guardan en el corral

Ⓑ siguen a sus madres

Ⓒ son salvajes

Ⓓ provocan una estampida

13. ¿Qué clasificación tienen *capataz*, *atajadores* y *arreadores*?

Ⓐ eventos de un rodeo

Ⓑ tipos de marca de ganado

Ⓒ oficios de los vaqueros

Ⓓ la ropa de los vaqueros

14. La posición de arreo era el peor trabajo porque los vaqueros _____ .

Ⓐ tenían que andar más tiempo que otros

Ⓑ cabalgaban entre el polvo

Ⓒ obligaban al rebaño a moverse

Ⓓ jalaban la carreta de comida

15. ¿Por qué razón hacían un traslado?

Ⓐ para mover el ganado a otro lugar a pastar

Ⓑ para prevenir que el ganado pierda peso

Ⓒ para llevar el ganado a una terminal y venderlo

Ⓓ para reunir el ganado de varios ranchos

16. No hay grandes traslados ahora porque _____ .

Ⓐ han construido casas sobre el camino

Ⓑ los rancheros no tienen necesidad de mover el ganado

Ⓒ no hay suficientes trabajadores

Ⓓ los ferrocarriles llegan a los ranchos

17. ¿Qué hacen distinto los vaqueros de hoy en día que no hacían los anteriores?

(A) cómo marcan los becerros

(B) cómo montan a caballo

(C) cómo lazan los broncos

(D) cómo encuentran el ganado descarriado

18. ¿Para qué escribió la autora este cuento?

(A) para describir lo emocionante que es ser vaquero

(B) para describir la vida de un vaquero en los años 1800

(C) para explicar que pocas mujeres eran vaqueras en el viejo Oeste

(D) para convencer a la gente de que se vuelvan vaqueras y vaqueros

19. ¿Por qué no tenían cercas los rancheros alrededor de sus tierras?

_____

_____

_____

_____

20. El ganado de diferentes ranchos se juntaba en las praderas. Explica cómo se aseguraban los rancheros para saber cuál era su ganado, incluso sus becerros.

_____

_____

_____

_____

© Harcourt

Cuaderno de práctica
¡A sus marcas!

Un pueblo en auge

Instrucciones: Para las preguntas 1 a la 18, rellena el círculo de la respuesta correcta. Para las preguntas 19 y 20, escribe la respuesta.

Vocabulario

1. Mucha gente viajó en una _____ durante la época del viejo Oeste.

  Ⓐ criatura   Ⓑ carreta

  Ⓒ caricatura   Ⓓ cartera

2. En esa época no había _____ de computadoras.

  Ⓐ telégrafo   Ⓑ caso

  Ⓒ negocio   Ⓓ lazo

3. La primera lavandería china tuvo mucho _____ .

  Ⓐ auge   Ⓑ empeño

  Ⓒ orificio   Ⓓ auxilio

4. A diario se iban los _____ a trabajar a las minas de oro.

  Ⓐ vaqueros   Ⓑ rancheros

  Ⓒ campesinos   Ⓓ mineros

5. Visitamos los _____ de una mina en California.

  Ⓐ yacimientos   Ⓑ torneos

  Ⓒ rodeos   Ⓓ herramientas

6. El tío Jim cocina panqueques en una _____ .

  Ⓐ sartén

  Ⓑ capa

  Ⓒ taza

  Ⓓ charola

Cuaderno de práctica
¡A sus marcas!

7. Los Brown quieren _____ su hogar donde hay buenas escuelas.

(A) dejar   (B) revolver

(C) establecer   (D) dibujar

Comprensión

8. El cuento sucede hace mucho en _____ .

(A) California   (B) Oregón

(C) los campos de oro   (D) San Jorge

9. Pa llevó a su familia al Oeste porque pensaba que _____ .

(A) iba a trabajar todo el día sin que le pagaran

(B) se iba a hacer rico

(C) iba a hacer a su esposa muy feliz

(D) aprendería a leer

10. ¿Quién cuenta este cuento?

(A) Ma   (B) Pa

(C) la bebé Betsy   (D) Amanda

11. La frase "vasto y desolado" significa que la vida era _____ .

(A) solitaria   (B) chistosa

(C) bella   (D) de espanto

12. Como Pa vive en los yacimientos de oro durante la semana, él _____ .

(A) ayuda a Amanda con su negocio de pasteles

(B) era su forma de jugar

(C) cada uno quiere estar a cargo de la playa

(D) uno se enojó cuando el otro se cayó encima de él

13. Ma dijo que Amanda no podía hacer un pastel porque _____ .

Ⓐ no tenían moldes ni horno

Ⓑ Amanda no sabía hornear

Ⓒ los niños se iban a reír de ella

Ⓓ no había suficiente masa

14. Amanda fue muy _____ en su negocio de pasteles.

Ⓐ estorbosa   Ⓑ puntual

Ⓒ agradecida   Ⓓ persistente

15. Amanda pudo finalmente hornear su primer pastel porque _____ .

Ⓐ Ma se lo cocinó

Ⓑ sus hermanos decidieron ayudarla

Ⓒ Pa vino a casa a animarla

Ⓓ aprendió a resolver el problema de otra manera

16. Pa llegó a casa con dinero el sábado por la noche porque _____ .

Ⓐ encontró oro

Ⓑ intercambió unos caballos

Ⓒ había vendido el pastel de Amanda

Ⓓ encontró otro trabajo

17. Muchos mineros deciden que _____ .

Ⓐ buscar oro en las minas es una manera fácil de hacerse rico

Ⓑ es terrible vivir separado de su familia

Ⓒ es más fácil hacerse rico con otra cosa

Ⓓ sólo los más jóvenes pueden hacerse ricos

© Harcourt

Cuaderno de práctica
¡A sus marcas!

18. El propósito principal del cuento es mostrar cómo _____ .

Ⓐ empezó la formación de un pueblo

Ⓑ una niña aprende a cocinar

Ⓒ una familia se hace millonaria

Ⓓ un hermano y una hermana se llevan bien

19. ¿Por qué el negocio de Amanda y otros necesitan un banco en su pueblo?

_____

_____

_____

_____

_____

_____

20. Explica qué hizo Amanda, además de los pasteles, para convertir al pequeño pueblo en uno de gran auge.

_____

_____

_____

_____

_____

© Harcourt

Cuaderno de práctica
¡A sus marcas!

Helado de chocolate

Instrucciones: Para las preguntas 1 a la 18, rellena el círculo de la respuesta correcta. Para las preguntas 19 y 20, escribe la respuesta.

Vocabulario

1. Es un barco _____ porque lleva provisiones a muchos puertos.
Ⓐ merecer   Ⓑ mercante
Ⓒ mercurio   Ⓓ mercancía

2. Nos pusimos a _____ la fruta para hacer un puré.
Ⓐ machacar   Ⓑ cortar
Ⓒ congelar   Ⓓ regar

3. La semilla de cacao no tiene _____ .
Ⓐ forma   Ⓑ sabor
Ⓒ orificios   Ⓓ color

4. Francisco usó un _____ para cortar las ramas.
Ⓐ machete   Ⓑ cordón
Ⓒ listón   Ⓓ rifle

5. La mejor parte de la naranja es la _____ .
Ⓐ lava   Ⓑ culpa
Ⓒ fruta   Ⓓ pulpa

6. Linda siempre _____ cuando va al mercado.
Ⓐ rebana
Ⓑ recoge
Ⓒ regatea
Ⓓ rebota

© Harcourt

Cuaderno de práctica
¡A sus marcas!

7. Dale vuelta a la _____ para abrir la ventana.

Ⓐ papaya   Ⓑ manivela

Ⓒ criatura   Ⓓ receta

Comprensión

8. ¿Cuáles son los dos lugares mencionados en el cuento?

Ⓐ Santa María y Maine

Ⓑ Santo Domingo y Maryland

Ⓒ California y Maine

Ⓓ Santo Domingo y Maine

9. ¿Qué sucede con las semillas de cacao antes de secarlas al sol?

Ⓐ Se rompen con el machete.

Ⓑ Las cubren con pasto de tortugas.

Ⓒ Las colocan en las hojas del plátano con su pulpa.

Ⓓ Las colocan en un recipiente con leche de coco.

10. ¿Por qué es necesario secar las semillas al sol?

Ⓐ Las semillas frescas huelen mal.

Ⓑ Para quitarles el sabor amargo.

Ⓒ Nos duelen los dientes si masticamos semillas frescas.

Ⓓ La pulpa es venenosa.

11. Mamá pone a hervir los mejillones y saca la carnita. Los mejillones son _____ .

Ⓐ pájaros

Ⓑ mariscos

Ⓒ las caras de personas

Ⓓ helados

© Harcourt

Cuaderno de práctica
¡A sus marcas!

12. La gente de la isla usa estos alimentos para comerciar, pero **no** usa _____ .

Ⓐ los plátanos Ⓑ las semillas de cacao

Ⓒ los cocos Ⓓ el hielo

13. ¿Por qué es importante ser la primera persona en ver una goleta entrar a la bahía?

Ⓐ Cuando hay demasiada gente, se empujan.

Ⓑ Los capitanes hacen negocio sólo con los primeros que llegan.

Ⓒ Los primeros en acercarse a un barco tienen más probabilidades de comerciar.

Ⓓ Los capitanes se enojan si mucha gente quiere comerciar.

14. ¿Qué intercambió Jacob por el caracol de mar?

Ⓐ la bolsa de bálsamo Ⓑ las fotos de Maine

Ⓒ hielo Ⓓ paja

15. Papá y el tío Jacob se preocupan cuando nieva en el río porque _____ .

Ⓐ ya no pueden caminar sobre el río

Ⓑ hace demasiado frío como para cortar el hielo

Ⓒ la nieve impide que el río se congele

Ⓓ los caballos no pueden galopar en la nieve

16. Para recolectar hielo, el primer paso es _____ .

Ⓐ levantar los bloques de hielo

Ⓑ cortar el hielo hasta llegar a la profundidad del agua

Ⓒ dejar que el hielo flote en el agua

Ⓓ hacer los cortes en el hielo

Cuaderno de práctica
¡A sus marcas!

17. Los marineros cubren el hielo con paja y aserrín en la goleta para que _____ .

(A) no se mueva

(B) permanezca limpio

(C) no se derrita

(D) sea más fácil cargarlo

18. ¿En qué se parece la niña de Santo Domingo a la de Maine?

(A) Ambas toman leche de coco.

(B) Ambas se trepan a los árboles.

(C) A las dos les gusta el chocolate.

(D) Ambas nadan en un río.

19. Según la niña de Santo Domingo, ¿cuáles son tres cosas geniales de Maine?

_____

_____

_____

_____

_____

20. Según la niña de Maine, ¿cuáles son tres cosas geniales de Santo Domingo?

_____

_____

_____

_____

_____

© Harcourt

Cuaderno de práctica
¡A sus marcas!

Si ganaras un millón

Instrucciones: Para las preguntas 1 a la 18, rellena el círculo de la respuesta correcta. Para las preguntas 19 y 20, escribe la respuesta.

Vocabulario

1. ¡_____, te ganaste el primer premio!
- Ⓐ Tristezas
- Ⓑ Felicidades
- Ⓒ Felices
- Ⓓ Felinos

2. Ellos no saben cuál es el _____ de las cosas.
- Ⓐ valor
- Ⓑ gasto
- Ⓒ desprecio
- Ⓓ interés

3. La _____ exacta de nuestras ganancias es cero.
- Ⓐ cantidad
- Ⓑ canela
- Ⓒ cantina
- Ⓓ canción

4. David va a _____ una quincena por cuidar perros.
- Ⓐ reciclar
- Ⓑ reanudar
- Ⓒ recobrar
- Ⓓ recibir

5. Con varias _____ de monedas obtienes veinticinco centavos.
- Ⓐ comidas
- Ⓑ complicaciones
- Ⓒ combinaciones
- Ⓓ computadoras

6. Tuvimos que _____ si pedir helado de chocolate o fresas con crema.
- Ⓐ descifrar
- Ⓑ cobrar
- Ⓒ ordenar
- Ⓓ decidir

© Harcourt

Comprensión

7. Esta selección es _____ .
- Ⓐ una firma
- Ⓑ una entrevista
- Ⓒ un anuncio
- Ⓓ un cuento de información

8. En esta selección, ¿qué pasa cuando tomas uno de los trabajos que sugieren?
- Ⓐ Ganas premios.
- Ⓑ Ganas dinero.
- Ⓒ Puedes hacer un deseo.
- Ⓓ Ganas puntos.

9. ¿Cuál de estas combinaciones es igual a un dólar?
- Ⓐ diez monedas de diez centavos
- Ⓑ dos monedas de veinticinco centavos
- Ⓒ cinco monedas de cinco centavos
- Ⓓ veinte monedas de un centavo

10. Recibes un interés mayor de un banco si _____ .
- Ⓐ dejas tu dinero en ese banco por un año
- Ⓑ trabajas en un banco
- Ⓒ dejas tu dinero en ese banco muchos años
- Ⓓ te pagan solamente en dólares

11. El autor sugiere que a veces uses un cheque en lugar de dinero en efectivo. En esta selección, un cheque es _____ .
- Ⓐ una orden escrita al banco de que le pague a alguien
- Ⓑ una revisión que se hizo de la transacción
- Ⓒ la cuenta de un restaurante
- Ⓓ una persona de la República Checa

© Harcourt

Cuaderno de práctica
¡A sus marcas!

12. Cuando le das un cheque a alguien, esa persona lo deposita en su banco. Después, el cheque pasa por _____ .
(A) una gasolinera
(B) centro de crédito
(C) tu banco
(D) una lavandería

13. Si pides dinero prestado a un banco, debes pagarles _____ .
(A) más dinero del que te prestaron
(B) unos cuantos centavo
(C) la cantidad exacta del valor del préstamo
(D) menos dinero del que te prestaron

14. Un amigo quiere venderte su bicicleta por $50. Según esta selección, ¿cuál de estas oraciones ejemplifica el adelanto que debes dar?
(A) Le das a tu amigo $60 para que te regrese $10.
(B) Le das a tu amigo $10 y le pagas $10 cada semana, durante cuatro semanas más.
(C) Le das $50 a tu amigo.
(D) Le das $25 a tu amigo y tu papá le da otros $25.

15. Según esta selección, ¿cuál es el billete más grande que existe ahora?
(A) $100
(B) $50
(C) $20
(D) $10

16. El dato más importante acerca de tener un millón de dólares es que _____ .
(A) esa cantidad en monedas de veinticinco centavos pesan lo mismo que una ballena
(B) no es mucho dinero
(C) debes decidir si lo gastas o lo ahorras
(D) puedes comprarte algo muy caro

Cuaderno de práctica
¡A sus marcas!

17. Un millón de dólares en billetes de un dólar pesan

Ⓐ más de dos toneladas

Ⓑ más de 2,000 libras

Ⓒ menos de 360 libras

Ⓓ menos de una tonelada

18. ¿Por qué escribió este libro el autor?

Ⓐ para contar un cuento muy chistoso

Ⓑ para explicar cómo funciona el sistema monetario

Ⓒ para animar a la gente a que gaste todo su dinero

Ⓓ para explicar cómo debes ganar un millón de dólares

19. Nombra tres maneras de pagar por las cosas.

_____

_____

_____

_____

20. Hay dos tipos de interés. Explica cuál es la diferencia del interés por dejar el dinero en un banco y el interés por pedir prestado el dinero.

_____

_____

_____

_____

_____

Cuaderno de práctica
¡A sus marcas!

Yo estoy a cargo de las celebraciones

Instrucciones: Para las preguntas 1 a la 18, rellena el círculo de la respuesta correcta. Para las preguntas 19 y 20, escribe la respuesta.

Vocabulario

1. Te voy a _____ la ruta en el mapa.
Ⓐ señalar   Ⓑ regatear
Ⓒ enseñar   Ⓓ mirar

2. Nuestro país tiene grandes _____ .
Ⓐ combinaciones   Ⓑ complicaciones
Ⓒ celebraciones   Ⓓ cerebros

3. No hay que _____ un disfraz cursi.
Ⓐ pintar   Ⓑ escoger
Ⓒ quitar   Ⓓ poner

4. El tamaño de ese bebé es _____ .
Ⓐ normal   Ⓑ listo
Ⓒ demasiado   Ⓓ apacible

5. Tu gato dejó todas sus _____ en el auto de mi papá.
Ⓐ patas   Ⓑ mejillas
Ⓒ narices   Ⓓ huellas

6. Hoy tuvimos pruebas _____ .
Ⓐ reptiles   Ⓑ repetir
Ⓒ repletas   Ⓓ repentinas

Comprensión

7. Esta selección es un poema narrativo porque _____ .

Ⓐ cuenta una noticia importante

Ⓑ cuenta un cuento

Ⓒ es una canción

Ⓓ es un tipo de poema japonés

8. La poetisa está al tanto de todas sus celebraciones porque _____ .

Ⓐ apunta en un cuaderno los sucesos importantes

Ⓑ hace dibujos para acordarse

Ⓒ invita a sus animales favoritos

Ⓓ todos los días las pinta en su diario

9. Cuando la poetisa dice: "tu corazón palpitará", significa que vas a estar _____ .

Ⓐ intranquilo   Ⓑ emocionado

Ⓒ triste   Ⓓ dormido

10. Los remolinos de arena <u>bailan</u> para demostrar cómo _____ .

Ⓐ suenan   Ⓑ se sienten

Ⓒ se mueven   Ⓓ huelen

11. Un <u>remolino de arena</u> es un tipo de _____ .

Ⓐ viento   Ⓑ alimento

Ⓒ soplido   Ⓓ baile

© Harcourt

Cuaderno de práctica
¡A sus marcas!

12. ¿Cómo afectan los remolinos de arena a la poetisa?

Ⓐ Gira y gira varias veces hasta que se siente caer.

Ⓑ Protege su cara del polvo.

Ⓒ Conduce su camioneta a toda velocidad para escaparse del polvo.

Ⓓ Salta de arriba abajo como los remolinos.

13. La poetisa dibuja el conejo en su dibujo de los tres arco iris _____ .

Ⓐ porque es normal ver a una liebre contemplando un arco iris

Ⓑ el conejo se ve como tonto en frente del arco iris

Ⓒ es poco común ver a una liebre en la cima de una colina

Ⓓ es experta en las liebres

14. La poetisa se siente afortunada el Día de la Nube Verde porque _____ .

Ⓐ la pudo ver

Ⓑ no llueve ese día

Ⓒ la nube tiene la forma de un loro

Ⓓ es una tarde de invierno

15. Después de ver el coyote, la poetisa no "volverá a ser la misma de antes" porque _____ .

Ⓐ la asusta el aullido

Ⓑ se miran a los ojos

Ⓒ caminan juntos un rato

Ⓓ la poetisa acaricia al coyote

Cuaderno de práctica
¡A sus marcas!

16. ¿En dónde celebra la poetisa estos sucesos?

  Ⓐ en el desierto

  Ⓑ cerca de una ciudad

  Ⓒ en las montañas

  Ⓓ junto a un manantial de agua

17. ¿Qué celebra la poetisa?

  Ⓐ cosas que puede contar

  Ⓑ los cumpleaños de gente famosa

  Ⓒ ciertos acontecimientos en la naturaleza

  Ⓓ fechas históricas importantes

18. ¿Por qué se ríe la poetisa cuando le preguntan si se siente sola?

  Ⓐ Porque está contenta.

  Ⓑ Porque la visitan a menudo.

  Ⓒ Porque cuida de muchas mascotas.

  Ⓓ Porque siente que la tierra y los animales son sus amigos.

19. Describe cómo es la bola de fuego que ve durante la época de las estrellas que caen.

_____

_____

_____

20. ¿Por qué es diferente el Año Nuevo de la poetisa al de otras personas?

_____

_____

_____

© Harcourt

El regalo de Alejandro

Instrucciones: Para las preguntas 1 a la 18, rellena el círculo de la respuesta correcta. Para las preguntas 19 y 20, escribe la respuesta.

Vocabulario

1. En Holanda, está el _____ más viejo del mundo.

(A) molino

(B) torbellino

(C) moler

(D) laberinto

2. El niñito _____ todos los domingos que pasaba con su abuelo.

(A) necesitaba

(B) estudiaba

(C) apreciaba

(D) figuraba

3. Los _____ son marcas que se hacen en la tierra.

(A) manteles

(B) surcos

(C) cultivos

(D) arbustos

4. Este año vamos a tener una cosecha _____ .

(A) abundante

(B) ablandada

(C) andante

(D) adelante

5. Mamá me ayudó a _____ mi error.

(A) dejar

(B) revolver

(C) despitar

(D) enmendar

6. Voy a podar todos los _____ que hay en el terreno.

(A) matrimonios

(B) matorrales

(C) miércoles

(D) murales

Comprensión

7. Esta selección es un buen ejemplo de la ficción realista porque _____ .

Ⓐ el cuento se contó oralmente antes de ser escrito

Ⓑ muchos sucesos no son reales

Ⓒ el lugar puede ser real

Ⓓ en el cuento hay tecnología del futuro

8. Alejandro puede tener una huerta en el desierto porque _____ .

Ⓐ no vienen muchas visitas

Ⓑ hay agua junto a su casa

Ⓒ el molino manda agua hasta su pozo

Ⓓ ni él ni su burro necesitan agua

9. Alejandro trabaja durante horas en su jardín porque _____ .

Ⓐ el jardín es muy grande

Ⓑ así no se siente solo

Ⓒ quiere que sus vegetales crezcan rápidamente

Ⓓ hay muchos matorrales en su jardín

10. En esta selección, los <u>carroñeros</u> y <u>correcaminos</u> son _____ .

Ⓐ flores del desierto

Ⓑ tipos de cactus

Ⓒ pájaros del desierto

Ⓓ frutas del desierto

11. Los animales que vienen al jardín son _____ .

Ⓐ pequeños   Ⓑ de cola larga

Ⓒ peludos   Ⓓ de cuatro patas

Cuaderno de práctica
¡A sus marcas!

12. La ardilla entra a la huerta de Alejandro porque _____ .

Ⓐ es curiosa   Ⓑ está perdida

Ⓒ tiene hambre   Ⓓ tiene sed

13. Alejandro hace un pozo de agua para _____ .

Ⓐ dar agua a los animales más grandes

Ⓑ dar de beber a los animales

Ⓒ que pueda regar más fácilmente

Ⓓ que su burro beba agua fresca

14. Cuando el zorrillo se escurrió debajo del arbusto, _____ .

Ⓐ se dejó atrapar

Ⓑ Alejandro no entendió por qué el zorrillo salió corriendo

Ⓒ el zorrillo advirtió del peligro a otros animales

Ⓓ Alejandro se dio cuenta de que los animales no se sentían seguros cerca de la casa

15. Los animales no le hacen caso al primer pozo porque _____ .

Ⓐ está afuera en la intemperie   Ⓑ está lleno de lodo

Ⓒ es poco profundo   Ⓓ el agua está salada

16. ¿Qué palabra describe mejor a Alejandro?

Ⓐ ofendido   Ⓑ perseverante

Ⓒ alerta   Ⓓ egoísta

17. El segundo pozo que hace Alejandro es distinto al primero porque _____ .

Ⓐ está lejos de su casa

Ⓑ está junto a su casa

Ⓒ es más pequeño que el primero

Ⓓ no lo tocan los animales

Cuaderno de práctica
¡A sus marcas!

18. Alejandro sabe cuándo los animales van al segundo pozo porque _____ .

Ⓐ siempre van a la misma hora

Ⓑ se mueve el burro

Ⓒ los puede oír

Ⓓ los puede ver

19. ¿Cómo corrige Alejandro los problemas que tuvo con el primer pozo?

_____

_____

_____

_____

_____

_____

20. Explica los dos significados del título *El regalo de Alejandro*. ¿Qué regalo piensa hacer? ¿Qué regalo recibe?

_____

_____

_____

_____

_____

_____

© Harcourt

Cuaderno de práctica
¡A sus marcas!

Ecología para los niños

Instrucciones: Para las preguntas 1 a la 18, rellena el círculo de la respuesta correcta. Para las preguntas 19 y 20, escribe la respuesta.

Vocabulario

1. Los _____ son seres vivos.

Ⓐ órganos   Ⓑ torbellinos

Ⓒ organismos   Ⓓ ecosistemas

2. La ecología es la relación entre los seres vivos y el _____ .

Ⓐ ambiente   Ⓑ aire

Ⓒ lugar   Ⓓ terreno

3. Pregúntale a tu amiga lo que piensa sobre la _____ de la naturaleza.

Ⓐ policía   Ⓑ protección

Ⓒ política   Ⓓ persona

4. El Sol emite luz _____ .

Ⓐ visión   Ⓑ visitada

Ⓒ visible   Ⓓ vestíbulo

5. Las selvas tropicales son _____ .

Ⓐ lisas   Ⓑ mojadas

Ⓒ secas   Ⓓ húmedas

6. Ahora puede haber una cantidad _____ de basura.

Ⓐ reducida   Ⓑ rebotada

Ⓒ remontada   Ⓓ eterna

© Harcourt

Cuaderno de práctica
¡A sus marcas!

Comprensión

7. Esta selección es de no ficción porque _____ .
- Ⓐ trata de extraterrestres en naves espaciales
- Ⓑ es una canción
- Ⓒ cuenta una fantasía
- Ⓓ presenta información

8. Ecología es una palabra que proviene del _____ .
- Ⓐ alemán
- Ⓑ inglés
- Ⓒ latín
- Ⓓ griego

9. Las rocas, la temperatura y la arena forman parte del _____ .
- Ⓐ medio ambiente
- Ⓑ terreno
- Ⓒ ozono
- Ⓓ microbio

10. Los leñadores son las personas que _____ .
- Ⓐ prenden una fogata
- Ⓑ cuidan los bosques
- Ⓒ cortan árboles
- Ⓓ apagan incendios

11. ¿Por qué dice el autor que no hay que cortar un árbol de menos?
- Ⓐ Le encantan los árboles.
- Ⓑ Sin árboles no tendríamos papel, ni libros, ni periódicos.
- Ⓒ Porque, en realidad, necesitamos cortarlos todos.
- Ⓓ Porque esa es la ley en mi nación.

Cuaderno de práctica
¡A sus marcas!

12. Algunos organismos pueden cruzar al _____ del vecino.

Ⓐ ecosistema

Ⓑ sistema solar

Ⓒ ecólogo

Ⓓ área

13. En esta selección, el autor describe que el Sol puede

ser _____ .

Ⓐ como una caricatura

Ⓑ chistoso

Ⓒ bueno, pero también dañino

Ⓓ nuestro vecino

14. Los seres vivos dependen mucho de _____ .

Ⓐ los rayos pintados en el cabello

Ⓑ los rayos solares

Ⓒ los rayos y centellas

Ⓓ los rayos en el vestido

15. Nuestro planeta recibe una cantidad _____ de radiaciones.

Ⓐ gigantesca   Ⓑ espantosa

Ⓒ justa   Ⓓ diminuta

16. La mayoría de las selvas tropicales están entre _____ .

Ⓐ Júpiter y Saturno

Ⓑ el Polo Norte y Canadá

Ⓒ el trópico de Cáncer y el trópico de Capricornio

Ⓓ la Luna y el Sol

Cuaderno de práctica
¡A sus marcas!

17. Al autor le importa mucho _____ .

Ⓐ entrenar a un grupo de ecólogos

Ⓑ la destrucción de las selvas

Ⓒ enseñar una selva húmeda

Ⓓ que no tengamos sol por la noche

18. El mar es el ambiente de muchos seres, pero además podemos _____ en él.

Ⓐ armar

Ⓑ dirigir

Ⓒ estornudar

Ⓓ transportar

19. En pocas palabras, ¿cuál es el propósito del autor al informarnos sobre la ecología?

_____

_____

_____

_____

_____

20. ¿Por qué usó el autor rimas chistosas para decirnos lo que no debemos hacer con la basura?

_____

_____

_____

_____

© Harcourt

Cuaderno de práctica
¡A sus marcas!

El armadillo de Amarillo

Instrucciones: Para las preguntas 1 a la 18, rellena el círculo de la respuesta correcta. Para las preguntas 19 y 20, escribe la respuesta.

Vocabulario

1. Tuvimos mucho que hacer y _____ llegamos a casa.
- (A) totalmente
- (B) tiernamente
- (C) eventualmente
- (D) seriamente

2. El cohete se elevó por la _____ antes de salir al espacio.
- (A) atmósfera
- (B) tierra
- (C) marea
- (D) antena

3. ¿En qué _____ está Estados Unidos?
- (A) ciudad
- (B) país
- (C) constante
- (D) continente

4. El globo terráqueo de nuestro salón de clases es una gran _____ .
- (A) esperanza
- (B) espejo
- (C) esfera
- (D) estela

5. La Tierra es un punto diminuto en el _____ .
- (A) untado
- (B) unido
- (C) uniforme
- (D) universo

6. Esa noticia es definitivamente _____ .
- (A) sensacional
- (B) extraterrestre
- (C) nacional
- (D) pradera

Cuaderno de práctica
¡A sus marcas!

Comprensión

7. ¿Cuál de estas **no** es una razón por la cual la selección es una fantasía?

Ⓐ presenta información con datos

Ⓑ los personajes no son reales

Ⓒ los sucesos pueden ocurrir

Ⓓ su propósito es entretener

8. Sasparillo se va de casa porque _____ .

Ⓐ quiere visitar a Brillo Ⓑ quiere explorar el mundo

Ⓒ desea visitar una ciudad Ⓓ necesita subir a una torre

9. ¿Quién es Brillo?

Ⓐ el cuidador del zoológico Ⓑ un águila

Ⓒ un armadillo Ⓓ un guajolote

10. Sasparillo cree que la tierra junto a Amarillo es _____ .

Ⓐ alta y fresca Ⓑ húmeda y caliente

Ⓒ caliente y llena de colinas Ⓓ plana

11. En esta selección, Austin, Abilene y Lubbock son lugares en _____ .

Ⓐ California Ⓑ Louisiana

Ⓒ Texas Ⓓ Arkansas

12. Sasparillo quiere montar en la espalda del águila para _____ .

Ⓐ tener mejor vista del paisaje

Ⓑ ver qué se siente al volar

Ⓒ descansar después de caminar

Ⓓ sentir el aire

© Harcourt

Cuaderno de práctica
¡A sus marcas!

13. Justo después de estar en Amarillo, Sasparillo y el águila se van _____ .

Ⓐ al estado de Texas

Ⓑ a Estados Unidos de Norteamérica

Ⓒ al continente de América del Norte

Ⓓ del planeta Tierra

14. ¿Cuál de estos acontecimientos no podría suceder en la vida real?

Ⓐ Un cohete sale hacia el espacio.

Ⓑ El águila vuela rápidamente para alcanzar un cohete.

Ⓒ La Luna tiene cráteres.

Ⓓ Texas es uno de los cincuenta estados.

15. ¿Cómo Armadillo puede ver dónde está en el mundo?

Ⓐ Le pide al águila que lo lleve con ella.

Ⓑ Escala las paredes de un cañón.

Ⓒ Sube una torre en San Antonio.

Ⓓ Monta un cohete que sale al espacio.

16. ¿Cómo cambia Armadillo después que sabe dónde está en la Tierra?

Ⓐ Él y el águila dejan de ser amigos.

Ⓑ Quiere viajar más para conocer nuevos lugares.

Ⓒ Extraña su casa y ya quiere regresar.

Ⓓ Quiere viajar sólo una vez más.

17. ¿Cómo es Armadillo?

Ⓐ curioso

Ⓑ flojo

Ⓒ enojón

Ⓓ envidioso

18. ¿Qué es lo más importante que aprende Sasparillo en su viaje?

Ⓐ Cuántos planetas hay.

Ⓑ Cómo es el aire en el espacio.

Ⓒ Dónde puede estar en el mundo.

Ⓓ Cómo se lanzan los cohetes.

19. ¿Por qué crees que la ciudad de <u>Amarillo</u> se llama así?

_____

_____

_____

_____

_____

_____

_____

20. Describe cómo se ve la Tierra desde el espacio.

_____

_____

_____

_____

_____

_____

© Harcourt

Cuaderno de práctica
¡A sus marcas!

Visitantes del espacio

Instrucciones: Para las preguntas 1 a la 18, rellena el círculo de la respuesta correcta. Para las preguntas 19 y 20, escribe la respuesta.

Vocabulario

1. Manuel le pegó con tanta _____ a la pelota que ahora es nuestro capitán.

- (A) fuerte
- (B) fuerza
- (C) fornido
- (D) fúnebre

2. El centro o _____ de la estrella brilla bastante.

- (A) núcleo
- (B) ojo
- (C) visión
- (D) círculo

3. Los planetas se _____ por el universo.

- (A) aclaran
- (B) quitan
- (C) juntan
- (D) esparcen

4. El _____ no proviene de la Luna sino del Sol.

- (A) planeta
- (B) viento lunar
- (C) viento solar
- (D) sistema solar

5. Los astrónomos pudieron ver las _____ del viento solar esa tarde.

- (A) partículas
- (B) particiones
- (C) praderas
- (D) palabras

6. La nave espacial tenía una luz _____ .

- (A) flameante
- (B) flaca
- (C) florida
- (D) fluorescente

Cuaderno de práctica
¡A sus marcas!

Comprensión

7. El propósito principal de la selección es contar sobre _____ .

- Ⓐ los cometas que han cambiado nuestras vidas
- Ⓑ cuándo el próximo sistema solar va a aparecer en el universo
- Ⓒ de qué están compuestos los cometas y cómo se mueven y cambian
- Ⓓ cómo convertirse en astrónomo para escribir libros

8. Esta selección es un libro informativo porque _____ .

- Ⓐ da información sobre el sistema solar
- Ⓑ es un cuento personal
- Ⓒ explica cómo hacer algo
- Ⓓ sucedió hace muchos años

9. ¿Cómo se ve un cometa en el cielo?

- Ⓐ como un grupo de estrellas
- Ⓑ como el Sol
- Ⓒ como una bola de fuego
- Ⓓ como una luna llena

10. ¿Por qué la gente pensaba hace tiempo que un cometa era señal de que algo malo iba a pasar?

- Ⓐ Porque los cometas aparecían repentinamente.
- Ⓑ La gente no comprendía los cometas.
- Ⓒ Había inundaciones y terremotos después que aparecía un cometa.
- Ⓓ Cosas malas ocurrían cuando aparecía un cometa.

© Harcourt

Cuaderno de práctica
¡A sus marcas!

11. El gas en la cola de un cometa puede compararse con el gas de _____ .

Ⓐ una estrella fugaz   Ⓑ una bola de nieve

Ⓒ el viento solar   Ⓓ una lámpara fluorescente

12. Los científicos que estudian los planetas y las estrellas se llaman _____ .

Ⓐ doctores   Ⓑ astronautas

Ⓒ astrónomos   Ⓓ dentistas

13. ¿Dónde creen los científicos que hay una nube gigante llena de cometas?

Ⓐ más allá del planeta más lejano

Ⓑ detrás de la Luna

Ⓒ alrededor del Sol

Ⓓ entre los planetas

14. La fuerza que conecta el sistema solar al Sol se llama _____ .

Ⓐ coma   Ⓑ asteroide

Ⓒ gravedad   Ⓓ planeta

15. ¿Cómo se llama el cometa más famoso?

Ⓐ Fugaz   Ⓑ Meteoro

Ⓒ Bailey   Ⓓ Halley

16. ¿Cuál es el nombre de las "piedras voladoras" en nuestro sistema solar?

Ⓐ cometas   Ⓑ meteoritos

Ⓒ rocas   Ⓓ asteroides

Cuaderno de práctica
¡A sus marcas!

17. Las colas de los cometas están formadas por _____ .

Ⓐ gas y polvo   Ⓑ piedras

Ⓒ hielo   Ⓓ polvo

18. ¿Cómo se llaman las órbitas que recorren los cometas alrededor del Sol?

Ⓐ loops   Ⓑ períodos

Ⓒ elipses   Ⓓ años

19. ¿Cúal sería una cosa que hace que el cometa brille?

_____

_____

_____

_____

_____

_____

20. ¿Qué es la cola de un cometa?

_____

_____

_____

_____

_____

Cuaderno de práctica
¡A sus marcas!